Cartoons & COMICS

Tim Pilcher Brad! Brooks

Cartoons & COMICS

Entwerfen • Zeichnen • Kolorieren

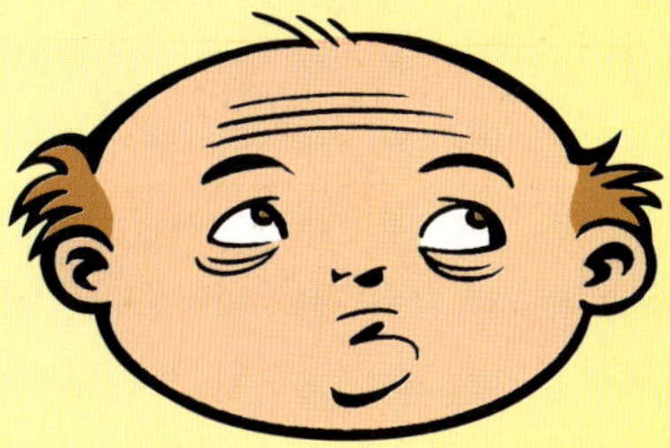

Fachliche Beratung:
Steve Edgell

Bechtermünz

Vorwort

Wenn man jemandem erzählt, dass man Cartoons oder Comics zeichnet, gibt es eine typische Reaktion: Das Gesicht des Gegenübers verändert sich, die Runzeln auf der Stirn verschwinden, die Augen leuchten auf, die Mundwinkel gehen nach oben und gelegentlich zeigt sich ein Lächeln. Es ist, als würde eine unsichtbare Last von diesem Menschen genommen und die bis dahin mühsame Aufgabe, mit Ihm zu reden, verwandelt sich in eine erfreuliche Plauderei. Die Bühne ist nun frei für das überschwängliche Geständnis Ihres Gesprächspartners, dass er Cartoons schon immer gemocht hat und er sich noch gern an eine Lieblingsfigur oder einen Comicstrip aus der Zeitung erinnert, über den er sich amüsiert, seitdem er das erste Mal in einer Zeitschriftenhandlung stöberte.

Wenn nur alles so einfach wäre wie ein Cartoon.

So sieht das Publikum von Cartoons aus, das sind die Leser. Sie durchziehen das gesamte soziale Spektrum von geduldigen Müttern mittleren Alters bis hin zu Skateboard fahrenden Punks. Sie alle schauen sich Cartoons und Comics in der Erwartung an, dass sie eine Welt betreten, die frei von kommunikativem Pomp oder Problemen ist und die eine direkte visuelle Sprache spricht. Anders ausgedrückt: Cartoons vermitteln eine Art „volkstümliche Umgangssprache", wie mir vor einigen Jahren eine Museumsleiterin auf Long Island, New York, fröhlich-ironisch sagte, als sie eine Ausstellung organisierte, bei der sie Comicstrips und Cartoons neben sequentiellen Bildwerken und politischen Fotomontagen

Cartoons überschreiten soziale Grenzen – Klasse, Alter, Herkunft und Kultur.

platzierte. Sie fügte hinzu, dass man nur die Cartoons anschauen müsse, die Graffitikünstler an öffentlichen Plätzen an die Wände sprühen, um zu erkennen, dass das, im wahrsten Sinn des Wortes, die grafische Schrift an der Wand sei.

Ich dachte an sie, als ich in Santander in Nordspanien drei große städtische Informationsschilder am Hafen sah, die in Comicform die Bauabschnitte der Hafenanlagen schilderten; oder in der Metro von Mexiko-Stadt, wo auf einer Wagentür eine fotokopierte satirische Karikatur klebte und den Fahrgästen zeigte, was deren Schöpfer davon hielt, wie der Präsident mit der Verfassung umsprang; oder als mir jemand aus Tokio ein Kinderspielzeug mitbrachte, auf dessen Verpackung die Gebrauchsanweisung in Comicform stand.

Alles, was Sie in diesem Buch lesen, soll Ihnen helfen ein Teil der kommunikativen Welt des Cartooning zu werden. Ob Sie einen Comicstrip oder eine GIF-Animation anfertigen oder ob Ihnen einfach die Idee gefällt, Leuten ein Stück Papier vor die Nase zu halten, das sie zum Lachen bringt – dieses Buch wird es Ihnen ermöglichen, das Handwerkszeug zu erlernen und diese Kunstform in den Griff zu bekommen.

Inhalt

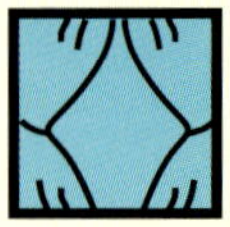

Arbeits-vorbereitung 14

Cartoon-zeichnen 24

Titel der Originalausgabe
The Complete Cartooning Course
Zuerst veröffentlicht 2001 in Großbritannien
von David & Charles Publishers, Devon

Deutsche Erstausgabe

Redaktion und Lektorat: Kate Mitchell, Claire Waite, Ian Kearey
Layout und Design: Penny Cobb, Karin Skanberg
Fotografie: Paul Forrester, Martin Norris
Art Director: Moira Clinch
Koordination und Bearbeitung der deutschen Ausgabe: B & E
Printmediendienstleistungsgesellschaft m.b.H., München
Übertragung ins Deutsche: Wolfgang J. Fuchs für B & E, München
Umschlaggestaltung: Coverdesign Thomas Uhlig, Gersthofen
Umschlagmotiv: ZEFA, Düsseldorf
Gesamtherstellung: Star Standard Industries (PTE) Ltd.,
Singapore

Printed in Singapore

ISBN 3-8289-2403-4

Einleitung

Das Wort Cartoon bezeichnet im Deutschen normalerweise nur das Witzbild, im Englischen jedoch jede Art humoristische und erzählender Zeichnung von der Grußkartenillustration über das Witzbild und die Karikatur bis hin zu Comics und zum Trickfilm. Cartoons finden fast in jedem Bereich des modernen Lebens Anwendung. Sie gehören zu den populärsten Kommunikationsformen überhaupt.

Cartoons sind überall!

Anders als die schönen Künste, die der Einzigartigkeit des individuellen schöpferischen Akts entspringen, sind alle Arten von Cartoons auf eine Massenverbreitung ausgerichtet. Dabei geht es darum, eine Idee möglichst vielen Menschen gleichzeitig zu vermitteln. Was als kleine Originalzeichnung beginnt, kann am Ende auf Hunderttausenden von Geburtstagskarten oder in Millionen Tageszeitungen zu finden sein. Was als kleine Idee anfängt, die im Original vielleicht nur einige Dutzend Menschen sehen, kann heute so reproduziert werden, dass ganze Nationen unterhalten, amüsiert, informiert oder nachdenklich gestimmt werden. Das hat zur Folge, dass Cartoons eine sehr mächtige – und bis heute unterschätzte – Kunstform sind.

Für den Zeichner bedeutet das eine fast unbegrenzte Anwendung seines Könnens in jedem Medium. Sehen Sie sich Verpackungen von Chips bis Coca Cola, Plakate und Fernsehwerbungen an und Sie werden feststellen, wie all-

Cartoons können auf unterschiedlichste Weise eine Vielzahl von Ideen ausdrücken ...

▼ Comicstrips

Zeichner wie Steve Bell, Bill Watterson oder Charles Schultz haben dazu beigetragen, dass das Interesse an Comicstrips wieder zugenommen hat.

Wenn man zu zeichnen beginnt, sollte man immer bedenken, für welches Medium man zeichnet und wer das Zielpublikum ist. Zeichnungen für eine Zeitung erfordern aktuelle Themen, bei Anzeigen sollten sie den vereinbarten Erfordernissen entsprechen.

gegenwärtig Cartoons sind. Sie stellen die schnellste und effizienteste Möglichkeit dar, eine Idee, einen Witz, ein Konzept, eine Botschaft oder einen Gedanken zu vermitteln. Sie ersetzen wirklich tausend Worte durch ein Bild!

Eine Zeichnung für jede Gelegenheit

Tageszeitungen veröffentlichen fast immer Karikaturen, in denen Politik und Gesellschaft satirisch überspitzt dargestellt werden, ob in einem Bild oder in mehreren zusammengehörigen Bildern. Eine andere Art von Zeichnungen sind kleinere „Gag"-Cartoons, mit denen Zeitungsartikel illustriert oder kommentiert werden. Vor allem in Amerika findet man sie gelegentlich sogar auf der Titelseite großer Tageszeitungen. Und dann gibt es natürlich noch die Comicstrips, auch „Strip"-Cartoons oder Zeitungsstrips genannt, die in mehreren Bildern humorvolle Geschichten erzählen. Sie dienen hauptsächlich der Unterhaltung, können aber auch politische oder satirische Inhalte haben.

... und sogar

Sprachbarrieren überbrücken.

◀ Internationale Form

Comics gelten schon lange als Kunstform, und in vielen Städten werden sie in Spezialbuchhandlungen verkauft.

▼ Wählen Sie

Cartoons und Comics gibt es in vielen unterschiedlichen Formaten und Größen.

Der Cartoonstil wird in vielen Medien gepflegt, auch im Trickfilm, der den Zeichnungen Leben einhaucht. Er erfreut sich eines großen Publikums und ist für Kinder oder Erwachsene konzipiert. Trickfilmproduktionen für ältere Zuschauer wie etwa *Die Simpsons*. Letztere nehmen seit fünf bis zehn Jahren an Bedeutung zu. Auch Comics richten sich an unterschiedliche Altersgruppen. Wie beim Film offerieren sie verschiedene Genres, von Western und Horror bis hin zu Superhelden und Sciencefiction. In Comicheften werden, ähnlich wie bei Zeitungsstrips, Geschichten durch Bildabfolgen erzählt, nur dass sie über viele Seiten laufen. Heutzutage bringen viele Zeitschriften und Zeitungen Strips oder Comicseiten. Cartoonzeichnungen illustrieren Artikel, werden als deren Aufmacher oder sogar auf den Titelseiten verwendet.

Und natürlich werden auch in der Werbung, ob bei Plakaten, Anzeigen, Werbespots oder Verpackungen, humoristische Zeichnungen erfolgreich eingesetzt.

Merke: Das Wichtigste beim Zeichnen von Cartoons oder Comics ist, dass es Spaß macht!

Es gibt so viele Möglichkeiten, dass es schwer fällt zu entscheiden, wo man anfangen soll. Dieses Buch vermittelt Ihnen Information, die Sie benötigen, um auf jedem Sektor ein erfolgreicher Cartoonzeichner zu werden.

Cartooning, wie man das Zeichnen von Karikaturen oder Comics in den USA nennt, gilt als kommerzielle Kunst, mit der man Geld verdienen will, im Gegensatz zur Kunst um ihrer Selbst willen. Gewiss, es gibt spezialisierte Galerien und Museen, die klassische Comics und Cartoons sammeln, und manche Originale sind in der Tat sehr teuer. Das meiste Geld können Sie jedoch damit verdienen, wenn Sie Ihre Arbeiten an Fachverlage oder Zeitungen verkaufen.

Das Medium Cartoon

Cartoons und Karikaturen unterscheiden sich in mehrfacher Hinsicht von normalen Zeichnungen oder schöner Kunst. Wie also „funktioniert" ein Cartoon?

Was Cartoons grafisch so einzigartig macht, ist der Schlüssel zu ihrem Funktionieren. Normalerweise will ein Zeichner oder Illustrator eine Person oder Szenerie entweder realistisch oder abstrakt abbilden. Der Karikaturist interessiert sich eher dafür, seine Botschaft möglichst leicht verständlich zu machen.

Cartoons beruhen auf dem Prinzip: Weniger ist mehr.

Die übermäßige Anwendung einer Technik wie z. B. der Kreuzschraffur oder ein realistisches Porträt lenken nur vom Kern der Idee ab. Je einfacher die Zeichnung gehalten ist, desto klarer die Aussage. Damit soll nicht gesagt sein, dass nicht auch Techniken wie Färben oder Schattieren wirkungsoll sein können, wichtig ist jedoch, dass sie das eigentliche Thema nicht erschlagen.

Die gleichen Regeln lassen sich auch auf die Konzeption von Cartoons und Karikaturen anwenden. Je eindeutiger die Aussage, desto besser lässt sie sich vermitteln. Ein Witzbild mit zu vielen Details ist weniger wirkungsvoll als eines mit einem einfachen, cleveren Witz.

Cartoons helfen, Ideen schnell zu vermitteln.

Eine Idee klar und präzise zu vermitteln – humoristisch oder gesellschaftskritisch – und zugleich mit prägnanten grafischen Elementen den Leser anzusprechen, das ist die besondere Stärke von Cartoons und Karikaturen. Der Grund dafür liegt darin, wie die Leser Cartoons wahrnehmen: Je einfacher die Zeichnung, desto leichter können sie sich ins Bild hineinversetzen und mit der gezeigten Situation identifizieren. Dieses Prinzip nennt man Verstärkung durch Vereinfachung.

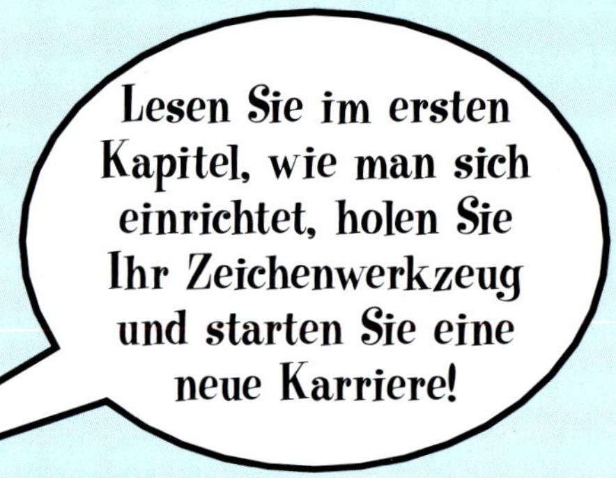

▲ Weniger ist mehr

Je weniger Details und Durcheinander, desto mehr wird der Leser auf die Idee hingeführt. Darin liegt die „Magie“ von Cartoons, Comics und Karikaturen.

Und nun Sie ...

Sehen Sie sich eine Illustrierte oder eine Zeitung an und beachten Sie beim nächsten Einkaufen die Lebensmittelverpackungen, dann werden Sie schnell merken, wie viele Karikaturen auf unterschiedlichste Weise verwendet werden. Wenn Sie eine Illustration sehen, die Ihnen besonders gefällt, machen Sie sich eine Notiz oder heben Sie sie auf, dann haben Sie bald ein umfangreiches Sammelalbum von Ideen und Konzepten. Bei diesem Zeichenkurs ist Ihr Sammelalbum neben den Zeichenutensilien das wichtigste Werkzeug, da es die Quelle ist, aus der Sie Ihre Anregungen beziehen.

Wie man dieses Buch benutzt

Dieser Zeichenkurs arbeitet mit detaillierten Übungsaufgaben, kommentierten Cartoons jeder Art – u. a. Karikatur, Werbung, Comicstrips, Computerspiele – sowie mit Fotos, die die Zeichentechniken illustrieren. Er vermittelt Zeichnern jeder Könnensstufe und jeden Genres alles Wissenswerte und ermutigt sie, diese Methoden selbst anzuwenden. Diese Seite ist Ihr Wegweiser durch das Buch, denn sie erläutert, wie die Lernschritte strukturiert sind.

Hinweise, Tipps, Vorschläge und weitere Übungen, die Sie ausprobieren können, geben eine Richtung sowie Anregungen vor.

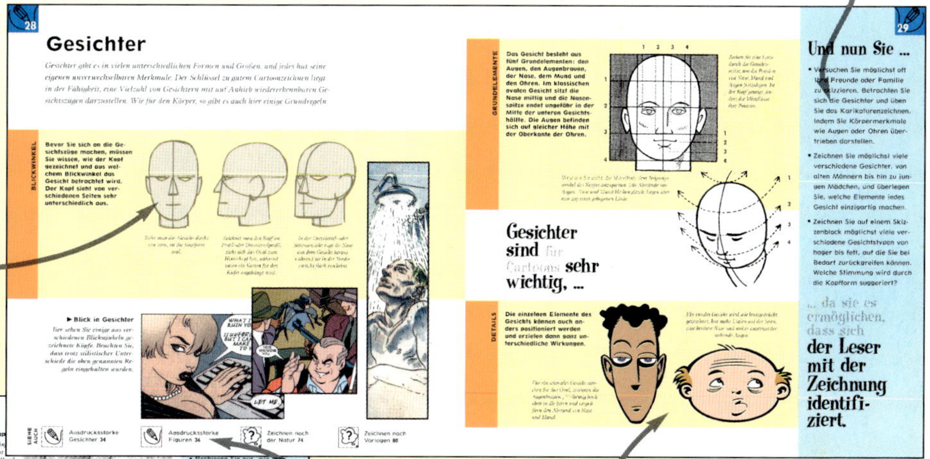

Es wird detailliert erklärt, wie die Zeichnungen angefertigt werden.

Fotos zeigen Schritt für Schritt, wie Cartoonzeichnungen in der Praxis entstehen.

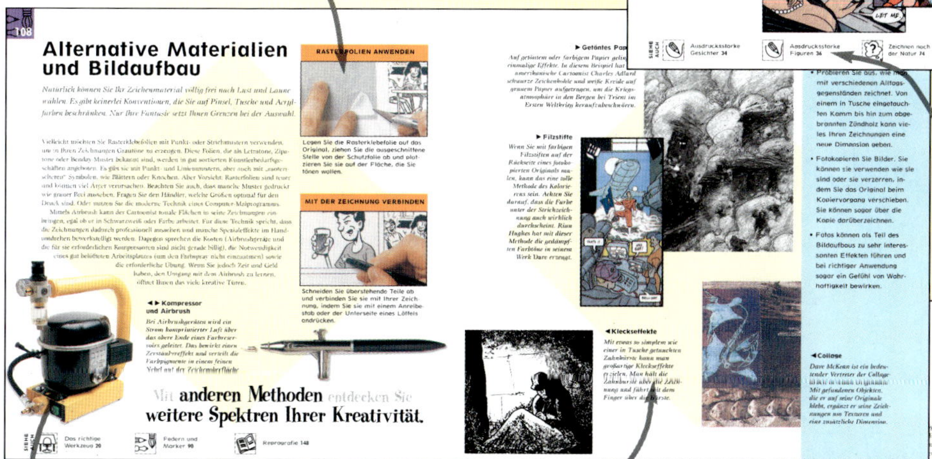

Hier finden Sie Querverweise auf andere wichtige Abschnitte.

Wir verraten Ihnen einige Tricks und Kniffe, die einen Einblick in die Arbeitswelt der Cartoonisten und Karikaturisten vermitteln.

Geeignete Zeichenutensilien und -materialien werden vorgeführt und ihre Verwendung erläutert.

Aussagekräftige Beispiele verschiedener Zeichner erklären die Ausführungen.

Praktische Anweisungen werden oft Schritt für Schritt anhand von Screen shots illustriert.

1. Kapitel
Arbeitsvorbereitung

Ein **Cartoonzeichner** zu werden ist ebenso einfach, wie **Stift und Papier** zur Hand zu nehmen. Mit dem **richtigen Platz zum Arbeiten** und dem **passenden Werkzeug** wird die Sache aber sehr viel **angenehmer. Komfort** ist eine wichtige **Voraussetzung** für Ihre **Kreativität.**

Schon allein die richtige Atmosphäre kann anregend wirken. Sie werden sich dann auf Ihre Arbeit freuen und gern damit anfangen.

Wenn Sie ernsthaft als **Cartoonist** arbeiten wollen, werden Sie **viel Zeit** am **Zeichenbrett** verbringen. Daher sollten Sie dafür sorgen, dass Sie mit Ihrem **Arbeitsplatz** und **Handwerks-**

zeug zufrieden sind. Sie werden es später zu schätzen wissen, wenn Sie an einem Arbeitsbereich wirken können, an dem Sie nicht zu oft gestört werden. Von Anfang an die richtigen Geräte zu haben, erleichtert Ihr Vorhaben auch.

Es ist wichtig, dass Sie für das kreative Arbeiten über einen eigenen Platz verfügen. Hier sehen Sie ein speziell eingerichtetes Zeichenstudio. Es bietet ausreichend Platz zum Zeichnen, das Sofa ermöglicht entspanntes Nachdenken und die Fenster lassen viel Tageslicht herein.

Der Arbeitsplatz

Wie schon der Name sagt, ist der Arbeitsplatz der Ort, an dem Sie arbeiten. Ganz gleich, ob das ein komplett eingerichtetes Studio oder nur ein kleines Eck im Schlafzimmer oder in der Küche ist: Sie brauchen einen eigenen Bereich, wo Sie alles Nötige finden, wenn Sie sich an das Zeichnen von Karikaturen oder Cartoons machen.

Ihr Arbeitsplatz sollte eine Oase sein, an der Sie ungestört arbeiten können und an der Sie es so bequem wie möglich haben, um effizient zu sein. Lassen Sie Letzteres nie außer Acht. Wenn Sie das Zeichnen zum Beruf machen wollen, müssen Sie damit rechnen, stundenlang in nahezu unveränderter Haltung am Zeichenbrett zu sitzen. Rückenschmerzen können ein echtes Problem werden, wenn Sie nicht adäquat vorbereitet sind.

Als Anfänger brauchen Sie nicht unbedingt die teuerste und beste Ausstattung. Wenn Sie aber ernsthaft Zeichner werden wollen, macht es Sinn, schon zu Beginn ein wenig mehr zu investieren, um sich ordentlich einzurichten. Als Faustregel gilt, sich das Beste anzuschaffen, was man sich leisten kann.

Wenn Sie sich einen eigenen Zeichentisch, einen teuren Computer oder einen Archivschrank zulegen, macht Sie das nicht zu einem besseren Zeichner, aber es gibt Ihnen das Gefühl, dass Sie wirklich ein Profizeichner sein wollen und nicht nur Amateur.

Je nach Ihren Ansprüchen sieht Ihr Arbeitsbereich anders aus, aber einige oder alle hier gezeigten Gegenstände brauchen Sie.

Sie benötigen einen geeigneten Arbeitsplatz ganz für sich.

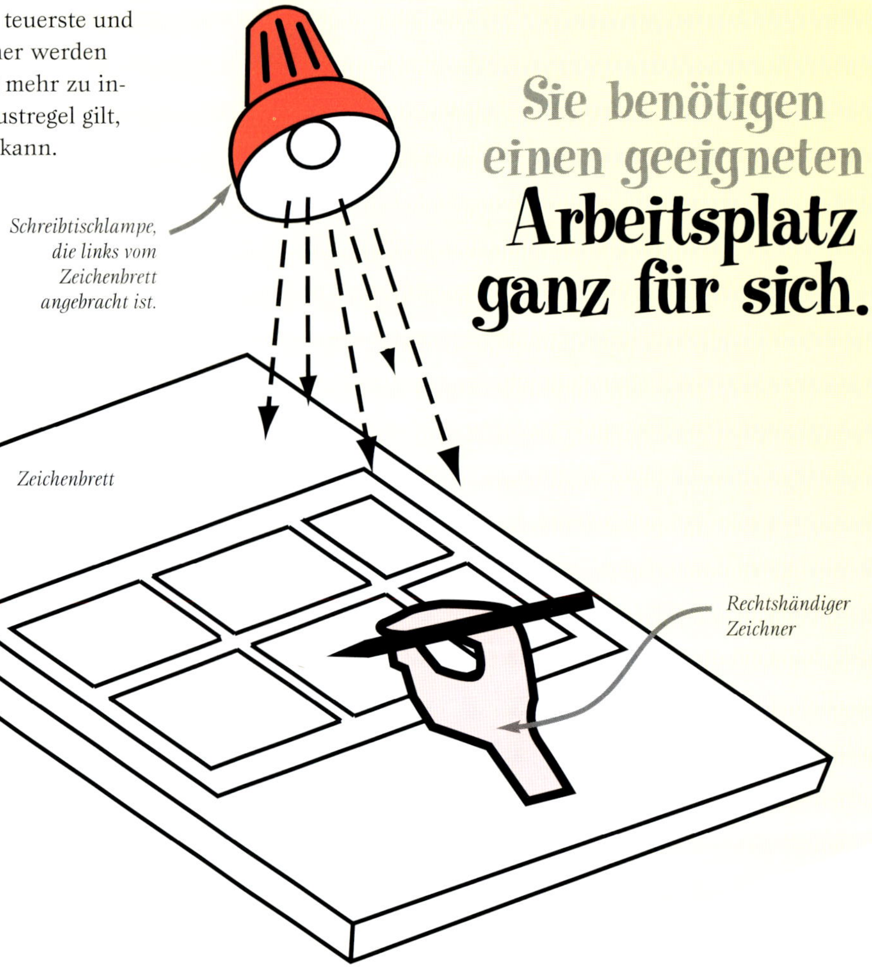

▶ Beleuchtung

Es ist unerlässlich, beim Zeichnen viel Licht zu haben. Idealerweise profitieren Sie vom Tageslicht, doch eine gute künstliche Beleuchtung benötigen Sie trotzdem. Denken Sie daran, Ihr Zeichenbrett im rechten Winkel zur Lichtquelle gegenüber Ihrer Zeichenhand auszurichten: Bei einem Rechtshänder sollte das Licht von links kommen. So vermeiden Sie, dass Sie beim Zeichnen mit Ihrer Hand Schatten aufs Bild werfen. Auch bei einem Computer macht es Sinn, die Lichtquelle im rechten Winkel zum Bildschirm auszurichten.

▼ Worauf soll ich zeichnen?

Eine Zeichenunterlage kann im einfachsten Fall ein Brett sein, das an der Kante eines Küchentischs abgestützt wird, oder aber ein richtiges Zeichenbrett. Was auch immer Sie als Unterlage benutzen, es sollte auf jeden Fall verstellbar sein, vor allem, wenn Sie großformatig arbeiten. Das Zeichnen auf einer flachen Oberfläche kann sonst nämlich perspektivische Verzerrungen bei Ihrer Werken bewirken. Außerdem muss die Unterlage groß genug sein, damit das von Ihnen verwendete Papierformat bequem darauf passt. Es gibt nichts Schlimmeres als ein zu kleines Zeichenbrett. Achten Sie auch auf dessen Ränder. Sie sollten gerade und glatt sein, damit Sie eine Reißschiene anlegen und rechtwinklige Bildrahmen ziehen können.

Bürostuhl

◀ Sitzplatz

Sie werden stundenlang in kaum veränderter Position am Zeichentisch sitzen, daher sind Sie es sich selbst schuldig, den bequemsten und ergonomisch besten Stuhl zu beschaffen, den Sie sich leisten können. Es muss nicht der teuerste sein, aber ein guter Bürostuhl hilft Ihnen, von Anfang an Rückenschmerzen und später einen Bandscheibenschaden zu vermeiden.

Schräg gestelltes Zeichenbrett

▶ Aufbewahrung

Sie benötigen Platz, um Ihre Zeichnungen und Utensilien aufzubewahren. Für die flache Lagerung Ihrer Werke ist ein Schubladenarchiv ideal, wenn auch teuer; ein Regalsystem eignet sich ebenso. Für das Zubehör genügen einige Becher. Wenn Geld jedoch keine Rolle spielt, bietet sich der Kauf einer Utensilienbox an. Es gibt auch fahrbare Beistelltischchen speziell für Grafiker. Man kann sie neben dem Zeichentisch aufstellen und Tusche, Pinsel sowie alles andere, was man sonst noch benötigt, darin unterbringen.

Behälter für Zeichenutensilien

Fahrbares Ablagesystem

Platz schaffen

Wenn man sich seinen Arbeitsbereich eingerichtet hat – egal ob in einem Arbeitszimmer, einem Studio oder einer Zimmerecke – wie schafft man dann genug Platz, um all die Dinge unterzubringen, die man als Zeichner benötigt?

Die Antwort auf obige Frage hängt natürlich davon ab, wie viel Raum Ihnen zur Verfügung steht. Wenn Sie über ein Studio oder Arbeitszimmer verfügen, tun Sie sich leichter bei der Einrichtung, als wenn es sich nur um eine kleine Ecke in Ihrem Schlafzimmer handelt. Es gibt Regeln, die Sie in jedem Fall beachten sollten.

Ihr Arbeitsplatz sollte sich an einer Stelle befinden, von der aus Sie zu allen benötigten Materialien leichten Zugriff haben. Selbst wenn Sie nicht zu den ordentlichsten Menschen zählen, sollten Sie ein System entwickeln, um an alle Utensilien und Info-Unterlagen schnellstmöglich heranzukommen. Nicht wenig Zeichner vergeuden viel Zeit damit, nach Bildvorlagen zu suchen, die sie irgendwo abgelegt vermuten.

Für die Bearbeitung feinster Details kann Ihnen ein Vergrößerungsglas gute Dienste leisten.

Ein Regalsystem eignet sich am besten, um Referenzmaterial wie etwa Lexika, Bücher, Zeitungen und Zeitschriften zu verstauen.

Eine leistungsstarke, schwenkbare Schreibtischlampe ist für den Arbeitsbereich unerlässlich.

Wenn Sie auf einem schräg gestellten Zeichenbrett arbeiten, sollten Sie neben der Hand, mit der Sie zeichnen, eine Abstellfläche für Tusche, Federn, Pinsel und sonstiges Arbeitsgerät zur Verfügung haben.

Planen Sie Ihren Arbeitsbereich sorgfältig ...

◀ In Griffweite

Alles, was Sie benötigen, sollte in Ihrer Griffweite liegen. Das Letzte, was Sie bei der Arbeit gebrauchen können, ist das ewige Stöbern nach dem richtigen Pinsel oder die passende Fotovorlage für ein Bild.

◀ Gemeinsamer Arbeitsplatz

Wenn Sie sich mit anderen ein Studio teilen, ist Rücksichtnahme angebracht. Versuchen Sie nicht Ihren Bereich auszuweiten und fragen Sie, ehe Sie etwas ausleihen. Eine Studiogemeinschaft hat den Vorteil, dass Sie sofortiges Feedback bekommen und bei der Arbeit Gesellschaft haben, kann aber unerfreulich werden, wenn die Kollegen nicht harmonieren.

... auch wenn Sie später immer noch **alles verändern** können. Wenn Sie gleich zu **Beginn alles gründlich organisieren,** spart Ihnen das auf jeden Fall viel Zeit.

Eine aufklappbare Werkzeugbox gewährt Einblick in alle Fächer und Zugriff auf die Utensilien.

Eine Utensilienbox mit vielen Fächern eignet sich besonders für die Unterbringung kleiner Teile wie Federn und Radiergummis.

▶ Platz sparen

Wenn nur wenig Platz zur Verfügung steht, sollten Sie überlegen, ob Sie Ihr Zubehör nicht in einer tragbaren Zeichenutensilienbox aufbewahren wollen. Ein billigerer Ersatz für solche Behälter sind Werkzeugkästen aus dem Baumarkt oder einer Heimwerkerabteilung.

Das richtige Werkzeug

Zeichenutensilien sind Ansichtssache. Manch einer, der traditionelles Cartoonisten-Handwerkszeug benutzte, war damit unzufrieden, während andere darauf schwören. Um herauszufinden, was Ihnen am besten liegt, müssen Sie verschiedenes ausprobieren. Und das kann sogar richtig Spaß machen.

Zur Grundausrüstung zählen Bleistifte, Radiergummis, Federn (Zeichenfedern, Füller, Rapidograph, Marker), Pinsel, Tusche, Bristolkarton (eine Papiersorte), Lineale und Schablonen, Farbtusche oder Farbe und natürlich ein Zeichenbrett (egal, ob lose oder in Form eines frei stehenden Zeichentischs).

Für den Anfänger kann die große Fülle vorrätiger Zeichenutensilien verwirrend sein, vor allem kommt man zu Beginn gut mit den einfachsten Werkzeugen zurecht. Wählen und benützen Sie die Utensilien, die Ihnen am besten liegen. Lassen Sie sich von niemandem beeinflussen: Sie werden dann Ihr Bestes geben, wenn Sie mit Ihren Arbeitsbedingungen zufrieden sind.

Technische Zeichenstifte und Minenbleistifte können Ihnen viel Zeit ersparen. Sie müssen nie gespitzt werden!

Sparen Sie beim Kauf von Utensilien **nicht an der Qualität,** denn ...

Eine gute Schneideunterlage und ein brauchbares Schneidemesser machen Ihnen das Leben leichter, wenn Sie Papier zuschneiden oder zu korrigierende Stellen ausschneiden wollen. Besorgen Sie sich am besten eine sich selbst wiederverschließende Unterlage, da eine andere sonst schnell unbrauchbar wird. Ein Metalllineal ist beim Schneiden besonders vorteilhaft.

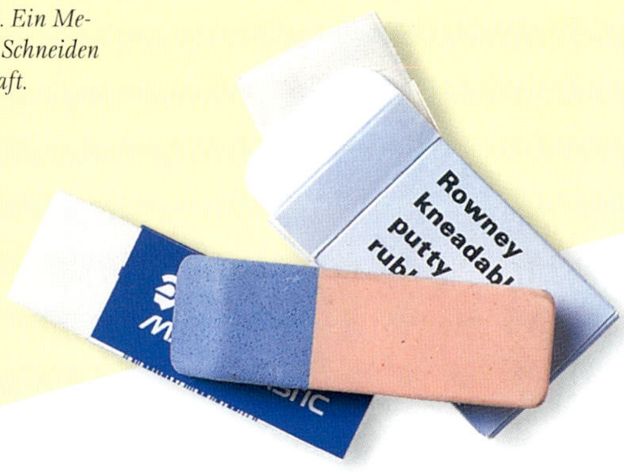

Radiergummis sind nicht nur zum Beseitigen von Fehlern da. Knetbare Radierer können beispielsweise kreativ wie ein Zeichenwerkzeug benutzt werden .

Es ist immer sinnvoll, das teuerste Papier zu kaufen, das Sie sich leisten können. Sie benötigen nicht nur ein Papier, das sich für Tuschezeichnungen und Lasuren eignet, sondern auch eines, auf dem sich leicht korrigieren lässt.

Manche Pinsel sind qualitativ hochwertiger als andere, was sich preislich bemerkbar macht. Bei guter Pflege kann ein Pinsel sehr lange halten.

Filzstifte und Marker finden immer größere Verbreitung. Achten Sie darauf, Marker zu kaufen, die wasserfest und lichtecht sind, wenn Sie nicht wollen, dass Ihre Zeichnungen verblassen.

Zeichenfedern sind für den Cartoonisten unentbehrlich, aber erwarten Sie nicht, dass sie ewig halten. Eine gute Spitze hält möglicherweise nur zwei bis drei Seiten, ehe Sie sie wegwerfen müssen.

Ein Sortiment von Linealen, Reißschienen, Zeichendreiecken und Schablonen ist von unschätzbarem Wert.

... wie auch sonst im Leben **hat Qualität ihren Preis.**

Computer-Cartoons

Wenn Sie wie so viele Zeichner heute überlegen, digital zu arbeiten, ist ein qualitativ hochwertiger Computer die Voraussetzung. Es versteht sich von selbst, dass die Ausstattung dafür etwas mehr kostet. Wenn Sie sich einen Computer zulegen, müssen Sie auch damit rechnen, dass Sie Zusatzgeräte oder Software benötigen .

▼ PC oder Mac?

Obwohl ein PC (Personal Computer) für die meisten Cartoonzeichnungen völlig ausreicht (und sich für 3-D-Arbeit vielleicht sogar besser eignet), würden wir für digitale Cartoons einen AppleMac empfehlen. Nicht nur weil Macs traditionell im Kunstbereich und Verlagswesen üblich sind, sondern auch, weil man an ihnen intuitiver arbeiten kann.

▼ Was brauche ich?

Die Welt der digitalen Cartoons wird ausführlich im Kapitel über digitale Medien vorgestellt *(siehe Seiten 110–125)**. An dieser Stelle finden Sie daher nur die Geräte, die Sie benötigen, wenn Sie sich für dieses Arbeitsmedium entscheiden sollten.*

Der Kauf billiger Geräte mag **verlockend** wirken, aber wenn Sie **ernsthaft** Cartoons zeichnen wollen (beruflich oder als Hobby), werden Sie feststellen, dass Sie **am falschen Ende sparen.**

Eine große Festplatte ist wichtig (mindestens 4 GB sind Standard).

Sie benötigen viel RAM (Random Access Memory – der Arbeitsspeicher des Computers). Je mehr RAM, desto besser – alles unter 64 MB reicht schlicht und einfach nicht aus.

Ein guter Monitor mit 15 Zoll (38 cm) Bildschirmdiagonale genügt zwar, einer mit 21 Zoll (53 cm) wäre jedoch ideal.

Ein Grafiktablett muss ebenfalls sein – denn das Zeichnen mit der Maus ist so, als wolle man mit einem Stück Seife malen.

Auch wenn sie teuer sein kann – um gute Software kommen Sie nicht herum.

Eine gute Videokarte ist für die Arbeit am PC ebenso erforderlich wie bei der 3-D-Arbeit am Mac.

2. Kapitel
Cartoonzeichnen

Nachdem wir **bereits erläutert** haben, was Sie **bedenken und kaufen sollten,** wenn Sie ein Cartoonist oder Karikaturist werden wollen, kommen wir jetzt zu dem Teil, **der Spaß macht – zum Zeichnen.** Auf den folgenden Seiten stellt jede **Doppelseite** jeweils **eine Lektion** dar und erklärt alle **Techniken,** die Sie als Zeichner **beherrschen** müssen.

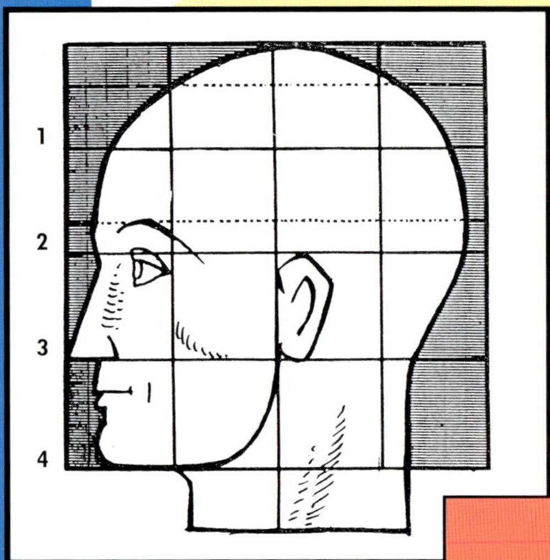

In diesem ersten Kursabschnitt zeigen wir Ihnen, wie Sie Ihre Karikaturen korrekt konstruieren, angefangen bei Gesichtern und Figuren …

... über Hände, Füße und Gesichtsausdrücke ...

... bis hin zu Tieren, Licht und Schatten und zur Schrift.

In jeder Lektion wird die für das Thema **wichtigste Information** vorangestellt. Dann folgen **Beispiele,** die Sie nachvollziehen können, um **durch Übungen zu lernen.** Wir beginnen mit den **Grundlagen – Figuren und Gesichtern** – und gehen dann über zu **Lektionen für Fortgeschrittene,** in denen Licht, Schatten sowie Spezialeffekte behandelt werden.

Figuren

Kern aller Cartoons und Karikaturen ist die Figur. Fast in jedem Cartoon kommt eine Person oder Figur vor, egal ob ein karikierter Mensch oder ein vermenschlichtes Tier. Figuren dienen der Bildkomposition, der Festlegung einer Grundstimmung oder dem individuellen Ausdruck der Idee des Cartoons.

FIGUREN ZEICHNEN

Der Schlüssel zum Verständnis des menschlichen Körpers ist die Beobachtung (siehe Seite 74–75). Hat man erst einmal den Körperbau verstanden, kann man diesen in eine Karikatur umwandeln.

Beim Zeichnen des durchschnittlichen menschlichen Körpers sind einige Grundregeln zu beachten, deren korrekte Befolgung immer dazu führt, dass eine Figur die richtigen Proportionen hat. So sollte die Körpergröße immer ungefähr der Höhe von siebeneinhalb Köpfen entsprechen, wobei die Beine etwa auf halber Höhe der Figur beginnen. Die durchschnittliche Armlänge von der Schulter bis zu den Fingerspitzen beträgt etwa dreieinhalb Kopflängen. Man kann mit diesen Regeln spielen, um eine noch komischere Wirkung zu erzielen, beispielsweise, indem man den Kopf größer zeichnet oder die Beine in die Länge zieht.

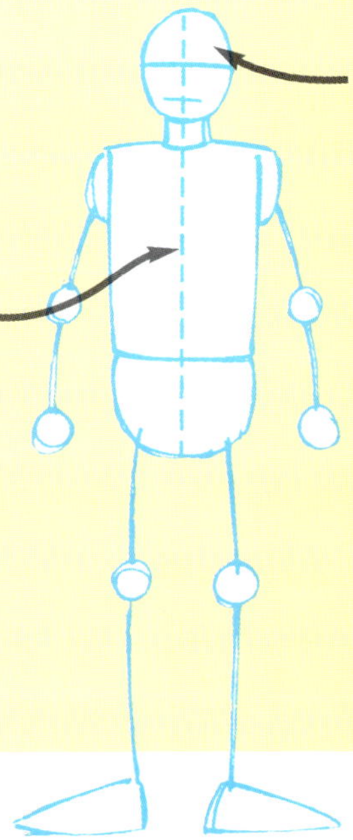

Üben Sie das Zeichnen **korrekter Körperproportionen,** indem Sie mit einem Strichmännchen anfangen.

Versuchen Sie, die gleiche Figur aus verschiedenen Blickwinkeln zu zeichnen, wobei die Vorderansicht, die Rückansicht und eine Dreiviertelansicht nicht fehlen sollten. Das gibt Ihnen ein Gefühl dafür, wie unterschiedlich derselbe Körper aussehen kann.

SIEHE AUCH

Metonymische Verzerrung **32**

Ausdrucksstarke Figuren **36**

Tiere **44**

Zeichnen nach der Natur **74**

Je **besser** Sie werden, desto leichter fällt es Ihnen, **die Proportionen richtig zu zeichnen.**

Die Modellfigur hilft Ihnen die Körperproportionen zu verstehen, wirkt jedoch steif. Versuchen Sie natürlichere Posen zu zeichnen, indem Sie die gleichen Proportionen verwenden. Stellen Sie sitzende, gehende und essende Figuren dar, um zu sehen, wie sich der Körper bewegt.

Die Modellfigur kann auch auf verschiedene Körpertypen übertragen werden. Zeichnen Sie bei einer extrem großen Figur den Kopf länger und verkürzen oder verdicken Sie Arme und Beine bei einer kleinen oder untersetzten Figur unter Wahrung der Proportionen – es sei denn, Sie wollen bewusst Verfremdungen erzielen.

Und nun Sie ...

- Zeichnen Sie verschiedene Körperformen von groß bis klein, schlank bis untersetzt. Beachten Sie, wie trotz der Variationen die Proportion erhalten bleibt.
- Zeichnen Sie Figuren in unterschiedlichen Posen (im Sitzen, Stehen, Liegen) unter Wahrung der korrekten Proportionen. Beachten Sie, wie sich dabei der Körper verändert.
- Denken Sie an die Körpergelenke und wie sie sich bewegen, etwa Hand- und Fußgelenke, Ellbogen und Knie.

Gesichter

Gesichter gibt es in vielen unterschiedlichen Formen und Größen, und jedes hat seine eigenen unverwechselbaren Merkmale. Der Schlüssel zu gutem Cartoonzeichnen liegt in der Fähigkeit, eine Vielzahl von Gesichtern mit auf Anhieb wiedererkennbaren Gesichtszügen darzustellen. Wie für den Körper, so gibt es auch hier einige Grundregeln.

BLICKWINKEL

Bevor Sie sich an die Gesichtszüge machen, müssen Sie wissen, wie der Kopf gezeichnet und aus welchem Blickwinkel das Gesicht betrachtet wird. Der Kopf sieht von verschiedenen Seiten sehr unterschiedlich aus.

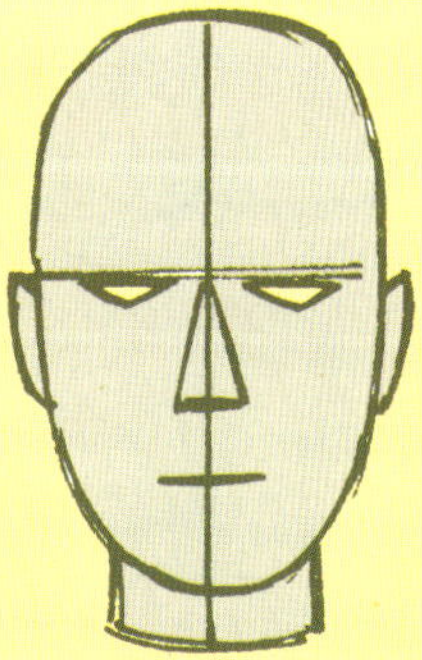

Sieht man das Gesicht direkt von vorn, ist die Kopfform oval.

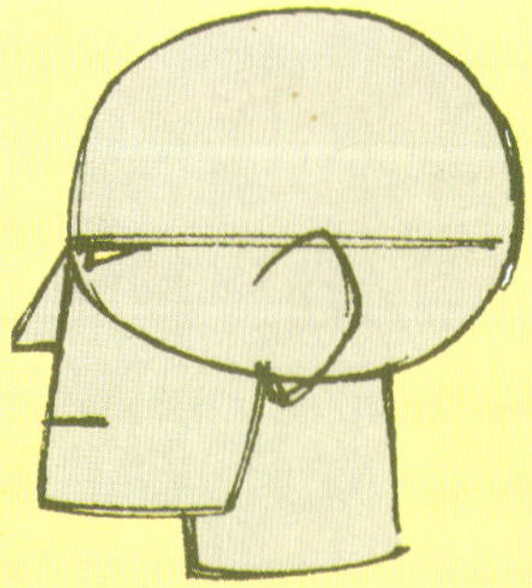

Zeichnet man den Kopf im Profil oder Dreiviertelprofil, zieht sich das Oval zum Hinterkopf hin, während unten ein Kasten für den Kiefer angehängt wird.

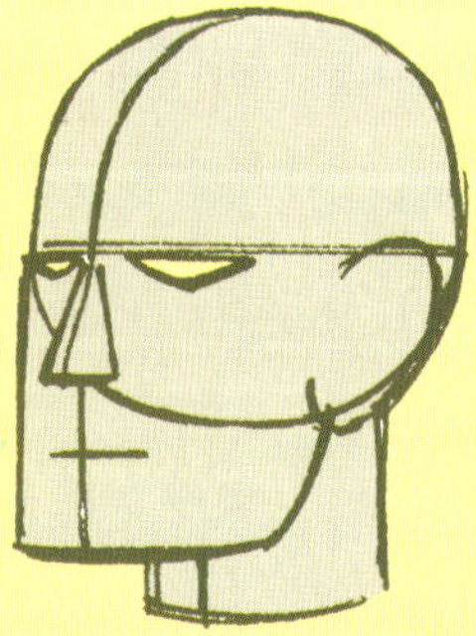

In der Dreiviertel- oder Seitenansicht ragt die Nase aus dem Gesicht heraus, während sie in der Vorderansicht flach erscheint.

► Blick in Gesichter

Hier sehen Sie einige aus verschiedenen Blickwinkeln gezeichnete Köpfe. Beachten Sie, dass trotz stilistischer Unterschiede die oben genannten Regeln eingehalten wurden.

SIEHE AUCH

Ausdrucksstarke Gesichter **34**

Ausdrucksstarke Figuren **36**

Zeichnen nach der Natur **74**

Zeichnen nach Vorlagen **80**

GRUNDELEMENTE

Das Gesicht besteht aus fünf Grundelementen: den Augen, den Augenbrauen, der Nase, dem Mund und den Ohren. Im klassischen ovalen Gesicht sitzt die Nase mittig und die Nasenspitze endet ungefähr in der Mitte der unteren Gesichtshälfte. Die Augen befinden sich auf gleicher Höhe mit der Oberkante der Ohren.

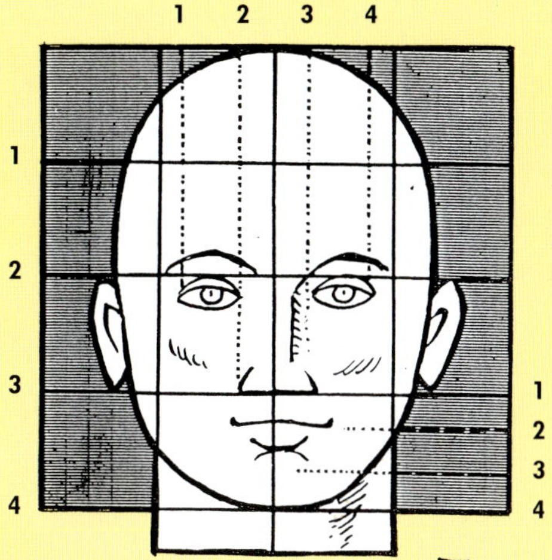

Ziehen Sie eine Linie durch die Gesichtsmitte, um die Position von Nase, Mund und Augen festzulegen. Ist der Kopf geneigt, ändert die Mittellinie ihre Position.

Vergessen Sie nicht, die Mittellinie dem Neigungswinkel des Kopfes anzupassen. Die Abstände von Augen, Nase und Mund bleiben gleich, liegen aber nun auf einer gebogenen Linie.

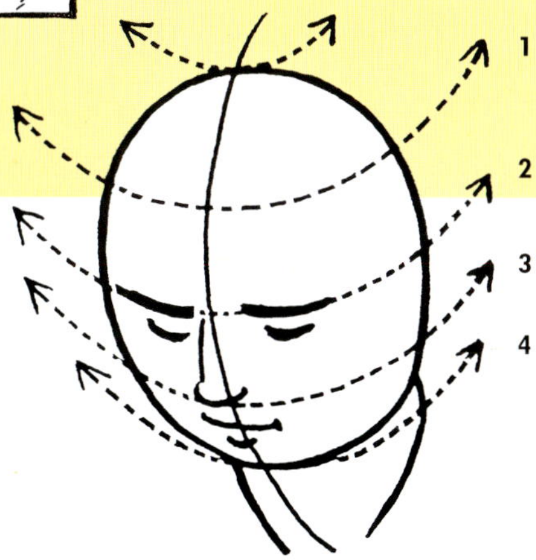

Gesichter sind für Cartoons sehr wichtig, ...

DETAILS

Die einzelnen Elemente des Gesichts können auch anders positioniert werden und erzielen dann ganz unterschiedliche Wirkungen.

Für ein schmales Gesicht strecken Sie das Oval, zeichnen die Augenbrauen „^"-förmig hoch oben in die Stirn und vergrößern den Abstand von Nase und Mund.

Ein rundes Gesicht wird wie breitgedrückt gezeichnet, hat mehr Linien auf der Stirn, eine breitere Nase und weiter auseinander stehende Augen.

Und nun Sie ...

- Versuchen Sie möglichst oft Ihre Freunde oder Familie zu skizzieren. Betrachten Sie sich die Gesichter und üben Sie das Karikaturenzeichnen, indem Sie Körpermerkmale wie Augen oder Ohren übertrieben darstellen.
- Zeichnen Sie möglichst viele verschiedene Gesichter, von alten Männern bis hin zu jungen Mädchen, und überlegen Sie, welche Elemente jedes Gesicht einzigartig machen.
- Zeichnen Sie auf einem Skizzenblock möglichst viele verschiedene Gesichtstypen von hager bis fett, auf die Sie bei Bedarf zurückgreifen können. Welche Stimmung wird durch die Kopfform suggeriert?

... da sie es ermöglichen, dass sich der Leser mit der Zeichnung identifiziert.

Hände und Füße

Hände und Füße können so ausdrucksstark sein wie das Gesicht oder der Körper. Eine Vielzahl von Gesten betont Gesichtsausdrücke, wie etwa die geballte Faust bei Zorn oder gefaltete Hände, die etwas erflehen oder erbitten.

Hände und Füße werden oft als die am schwierigsten darzustellenden Körperteile empfunden. Selbst die erfahrensten Zeichner haben ihre Probleme damit. Wenn Sie jedoch die folgenden einfachen Regeln beherzigen, werden Sie bald simple und doch ausdrucksstarke Hände und Füße gestalten können.

Denken Sie daran, dass **selbst die besten Cartoonisten** beim Zeichnen von Händen und Füßen Probleme haben ...

HÄNDE ZEICHNEN

Die Hand mit vier Fingern und einem Daumen lässt sich in einer scheinbar unendlichen Vielzahl von Posen darstellen. Am besten studiert man die Hand, indem man sowohl die Handinnenfläche als auch den Handrücken zeichnet. Beachten Sie die Unterschiede: Auf dem Handrücken sieht man Erhebungen an den Knöcheln und Fingergelenken, während die Handfläche an genau diesen Stellen Falten und Linien aufweist. Die Handfläche hat noch weitere Linien, mit denen man ihre Form andeuten kann. Die Fingerspitzen enden in Fingernägeln, die die Hand näher zu charakterisieren helfen, indem man sie verlängert, poliert, manikürt oder abgenagt zeichnet.

Beginnen Sie die Zeichnung der Hand (-innenfläche) als lang gestrecktes Fünfeck und fügen Sie den Daumen mit einer nach oben gebogenen Kurve an. Denken Sie daran, dass dieser ungefähr so lang (beziehungsweise kurz) ist wie der kleine Finger. Da der Daumen aber dicker ist und näher an der Handwurzel liegt, wirkt er scheinbar kürzer.

Zeichnen Sie als nächstes den Mittelfinger und benutzen Sie diesen längsten Finger als Maßstab für die anderen. Zeige- und Ringfinger sind in etwa gleich lang, sehen aber in naturalistischen Handhaltungen unterschiedlich lang aus.

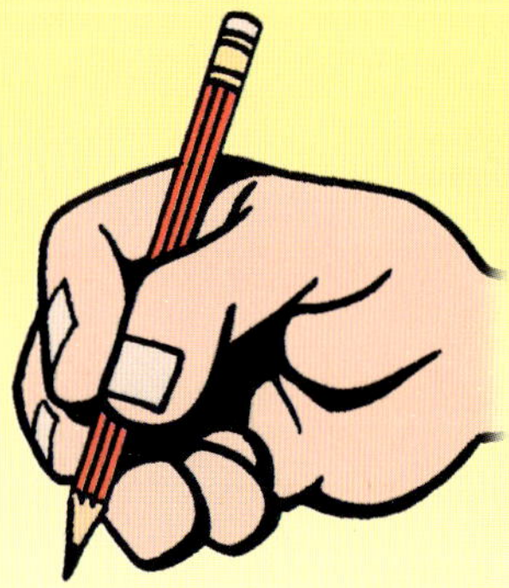

Versuchen Sie bei natürlichen Posen die Finger nicht zu weit voneinander abzuspreizen. Ein Überkreuzen oder Überlappen der Finger gibt jeder Pose einen natürlicheren Anschein.

... also **üben Sie fleißig.**

SIEHE AUCH
Bewegung **48**
Perspektive und Verkürzung **68**
Zeichnen nach der Natur **74**

◄ Offensichtlich

Diese Zeichnung aus Tank Girl *zeigt eine aggressive Haltung, die durch das Gestikulieren mit zwei Fingern angedeutet wird.*

FÜSSE ZEICHNEN

Füße können in der Verbindung mit der Beinhaltung bestimmte Gefühle ausdrücken, z. B. Schüchternheit oder peinliches Berührtseit, wenn sie überkreuzt werden. Füße sind jedoch weniger ausdrucksstark als Hände. Sie werden in Karikaturen auch seltener nackt, sondern vorwiegend mit Schuhen bekleidet gezeigt.

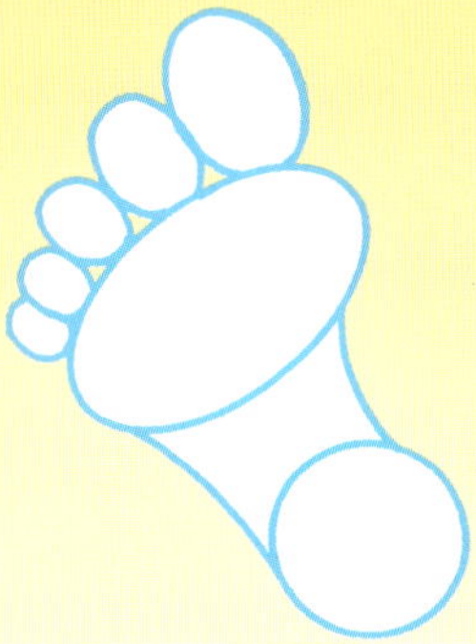

Die Unterseite des Fußes ist am leichtesten zu zeichnen: als ein Kreis und ein Oval – für Ferse und Fußballen –, die mit zwei Kurven verbunden werden. Die Zehen lassen sich als fünf angehängte Ovale ausführen. Denken Sie daran, dass der große Zeh immer an der Fußinnenseite liegt.

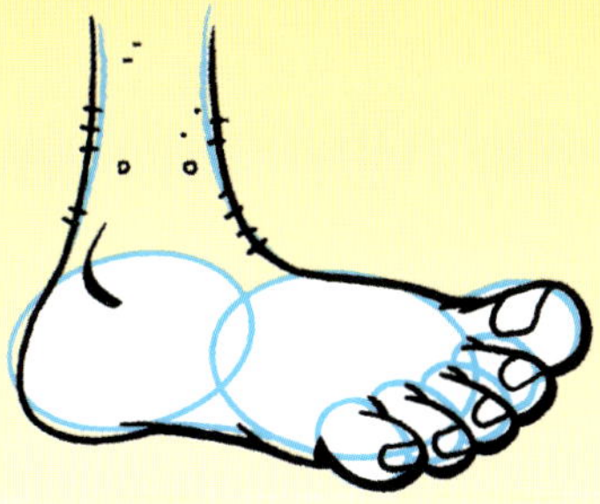

Von der Seite ist der Fuß etwas schwieriger darzustellen. Man beginnt mit zwei Ovalen – eines für die Ferse, eines für den Ansatz des großen Zehs – und verbindet beide mit gebogenen Linien. Die Zehen stehen als unterschiedlich große Ovale ab. Diese Grundregel gilt auch bei der Dreiviertelansicht.

In der Vorderansicht sind Füße besonders schwierig zu gestalten, da es dabei auf die perspektivische Verkürzung ankommt. Von vorn gesehen sind die Zehen eher kreisrund, während sich der Fuß zum Knöchel und zum Bein hoch beidseitig fast nahtlos verjüngt.

Und nun Sie ...

- Üben Sie das Zeichnen möglichst vieler Handhaltungen. Lange, schlanke Finger sind für bestimmte Berufe geeigneter als kurze oder dicke. Versuchen Sie die unterschiedlichen Hände unter Berücksichtigung dieses Aspekts zu zeichnen.
- Unterstreichen Sie verschiedene Aussagen und Gefühle mit Hilfe von Handgesten aus. So können z. B. nach oben gedrehte Handflächen mit abgespreizten Fingern Verzweiflung ausdrücken; eine geballte Faust mit ausgestrecktem Zeigefinger deutet an, dass einer Sache Nachdruck verliehen wird.
- Zeichnen Sie Füße bei verschiedenen Bewegungen, z. B. beim Laufen, Gehen, Ballspielen etc. Beachten Sie dabei, wie sich die Stellung von Knöcheln und Gelenken verändert.

Metonymische Verzerrung

Beim Zeichnen können menschliche Gesichter und Körper verformt werden, um sie interessanter oder komischer wirken zu lassen. Man nennt dies eine metonymische Verzerrung. Dabei wird das Standardaussehen einer Figur vergrößert, verkleinert oder verdreht. Da Sie jetzt die normalen Körperproportionen kennen, können sie nun damit herumspielen und die Regeln brechen.

VERZERRTE GESICHTER

Bei Gesichtern lässt sich das Grundoval dehnen oder stauchen, um verschiedenartige Gesichtstypen entstehen zu lassen.

Eine verlängerte Nase und ein vergrößerter Abstand zwischen Mund, Nase, Augen und Augenbrauen tragen dazu bei, den Eindruck einer großen, hageren Person zu erzeugen.

Vergrößert man stattdessen die Augen, kann das Resultat eine Person mit wildem, starrem Blick sein.

Eine breitere und plattere Nase weist auf einen bestimmten Charaktertyp oder Beruf hin (vielleicht auf einen Boxer).

Arbeiten Sie bei Karikaturen mit **weniger Strichen** als etwa bei einer naturalistischen Zeichnung. **Zu viele Linien** im Gesicht einer Figur können diese unbeabsichtigt alt wirken lassen und **vom Wesentlichen der Zeichnung ablenken.**

SIEHE AUCH

Figuren **26**

Gesichter **28**

Perspektive und Verkürzung **68**

Karikatur **130**

VERZERRTE KÖRPER

Die Verzerrung ist ein wichtiges Werkzeug des Karikaturisten. Schon eine einfache Übertreibung kann nachhaltig und schnell Charakterzüge verdeutlichen. Ein verzerrter und abrupt verkürzt dargestellter Körper kann eine Stimmung, aber auch eine Bewegung andeuten.

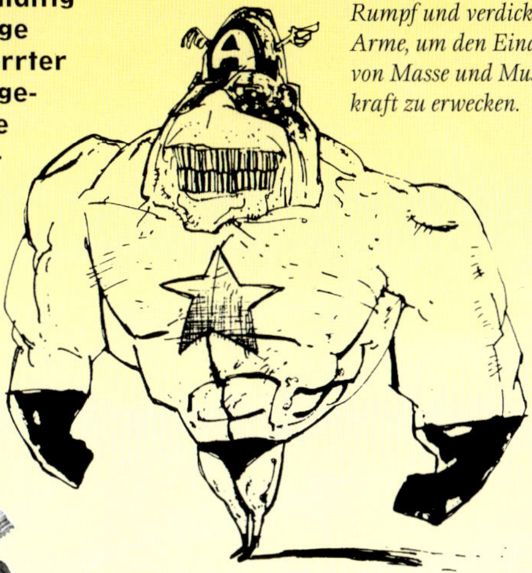

Bei zähen Burschen verkürzt man Beine und Rumpf und verdickt die Arme, um den Eindruck von Masse und Muskelkraft zu erwecken.

Soll eine Person größer wirken, versuchen Sie es doch mit übertrieben langen Beinen.

Dickliche Figuren zeichnet man als Abfolge einer Reihe großer Kreise und Ovale.

► Hände dran, Finger ab!

Viele Karikaturisten zeichen Hände klobiger und mit dickeren Fingern als diese von Natur aus sind. Oft wird die Zahl der Finger auf vier oder drei reduziert. Wenn Sie nach dieser Methode Hände gestalten, benutzen Sie weniger Linien als bei einer naturalistischeren Darstellung.

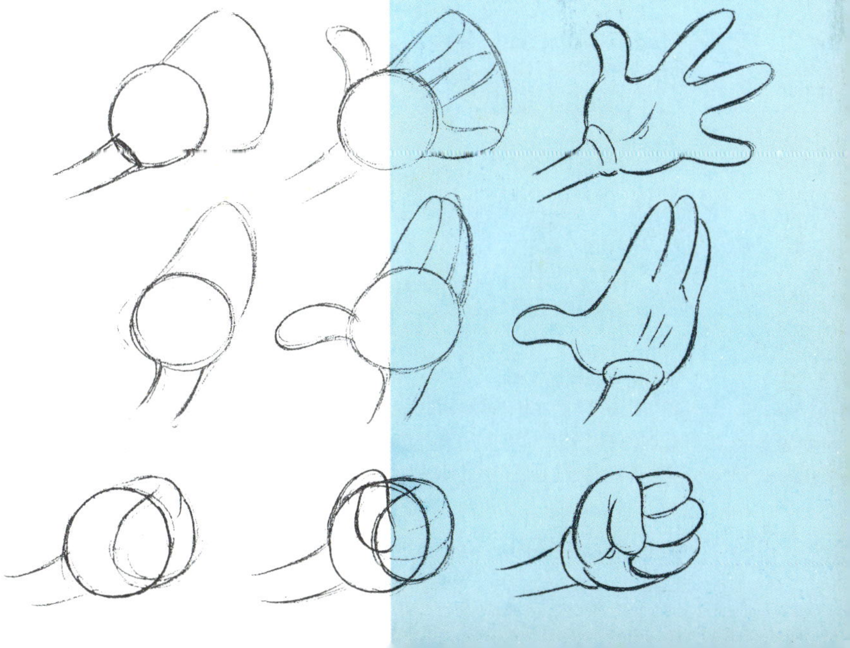

Und nun Sie ...

- Zeichnen Sie eine einfache, normal proportionierte Figur. Stellen Sie sich dann vor, sie hätte 60 kg zugenommen und wäre 90 cm geschrumpft. Nehmen Sie dann die gleiche Figur und gestalten Sie sie 180 cm groß und ganz schlank. Beachten Sie, wie sich das Aussehen der Figur ändert, obwohl sie erkennbar bleibt.
- Zeichnen Sie Situationen, in denen metonymische Verzerrungen komisch wirken, etwa bei hervorquellenden Augen oder bei gummiartig gedehnten Beinen. Im Zeichentrickfilm ist das gang und gäbe.

Ausdrucksstarke Gesichter

Das Gesicht ist der ausdrucksstärkste und wichtigste Teil des Menschen, den ein Karikaturist zeichnen können muss. Alle Emotionen, von Zorn, Glück und Angst über Ratlosigkeit, Kummer und Krankheit, lassen sich mit wenigen Strichen darstellen. Sie kennen mittlerweile die Grundregeln, wie man ein Gesicht zeichnet und wie man durch metonymische Verzerrung besondere Wirkungen erzielt. Nun geht es darum, Gefühle bildlich umzusetzen. Wenn Sie das beherrschen, können Sie Ihr visuelles Vokabular um nahezu unbegrenzt viele Charaktere erweitern.

Gefühle lassen sich zeichnerisch durch Verzerrung oder Übertreibung der Grundform ausdrücken. Jedes Element des Gesichts (Augen, Nase, Ohren, Mund, Augenbrauen) kann für sich genommen Gefühle ausdrücken. Die Augenbrauen können überrascht hochgezogen werden oder in „V“-Form Zorn andeuten. Die Richtung der Mundwinkel zeigt Freude oder Trauer. Kombiniert man diese Möglichkeiten, lässt sich fast jedes Gefühl darstellen – wie wenn man ein Phantombild zusammensetzen würde.

ZEICHNEN VON GEFÜHLEN

Mit nur wenigen Strichen lassen sich zahlreiche Gesichter darstellen. Wie viele können Sie aus dieser Vorlage entwickeln?

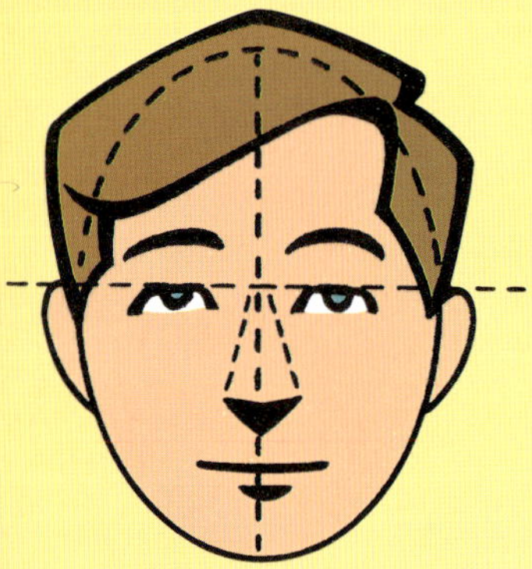

Hier ist ein normales, ausdrucksloses Gesicht, das demjenigen ähnelt, das Sie auf Seite 28 zeichnen sollten.

Aufgerissene Augen, offener Mund, hochgezogene Augenbrauen, wegspritzende Schweißtropfen und aufgestellte Haare deuten Angst an. Oft wirkt ein angsterfülltes Gesicht blutleer und blass.

Gerunzelte Augenbrauen, Sorgenfalten, herabhängende Mundwinkel und ein in die Hände gestützter Kopf symbolisieren Trauer und Depression.

SIEHE AUCH

Gesichter **28**

Metonymische Verzerrung **32**

Von der Beobachtung aufs Papier **76**

Zeichnen nach Vorlagen **80**

Ein **ausdrucksstarkes Gesicht** verleiht Ihrer Zeichnung **Tiefe und Charakter.**

Hochgezogene Augenbrauen und ein offener Mund drücken Überraschung aus. Normalerweise ist der Mund dabei klein, doch je größer die Überraschung ist, desto übertriebener darf er ausfallen.

Zusammengezogene Augenbrauen und entblößte Zähne, ob zusammengebissen oder beim Schreien sichtbar, sowie ein ge-rötetes Gesicht weisen ebenso auf Ärger hin wie ein Schmollmund und verengte Augen.

Glück kann ein mit nur einem Strich gezeichnetes Lächeln oder aber ein Grinsen, bei dem man alle Zähne sieht, vermitteln. Lacht eine Figur besonders herzhaft, kann man die Augen zu Schlitzen verengen und Lachfältchen um Augen und Mund hinzufügen.

Auf Neugier oder Nachdenklichkeit deuten eine gerunzelte Stirn und nach unten gezogene Mundwinkel hin.

Und nun Sie ...

- Setzen Sie sich vor einen Spiegel, ziehen Sie so viele Grimassen wie möglich und skizzieren Sie diese.
- Sehen Sie sich die Gesichter an, die Sie früher gezeichnet haben (siehe Seite 28) und zeichnen Sie sie neu mit unterschiedlichen Gesichtsausdrücken.
- Entwerfen Sie eine Szene, bei der mehrere Menschen auf dasselbe Ereignis unterschiedlich reagieren, z. B. Geschworene auf das Plädoyer eines Anwalts. Beachten Sie, wie sich das auf die Gesamtszene auswirkt.

Ausdrucksstarke Figuren

Ebenso wie das Gesicht, kann auch der Körper Stimmungen und Gefühle ausdrücken. Kombiniert man beides, wirkt das sehr nachdrücklich. Es heißt oft, Menschen könnten mit ihrer Körpersprache Bände erzählen, ohne ein Wort zu sagen. Auch bei Karikaturen und Cartoons kann man sich die Körpersprache zu Nutze machen und sich zweier Haupttypen bedienen: Haltung (unbeabsichtigt) and Gestik (beabsichtigt).

Die Körperhaltung charakterisiert oft eindeutig die Persönlichkeit oder momentane Stimmung einer Figur.

Ein Superheld streckt die Brust heraus, stemmt die Hände in die Hüften und lächelt mit hoch gerecktem Kinn. All das lässt ihn selbstsicher oder sogar arrogant auftreten.

Im Gegensatz dazu lässt eine traurige oder deprimierte Figur den Kopf, die Schultern und die Arme schlaff hängen und starrt auf den Boden.

Jemand mit wütendem Blick und verschränkten Armen kann in der Defensive sein oder etwas verbergen wollen.

Die Körpersprache kann sehr viel **ausdrücken,** deshalb wird so mancher Comicstrip ohne Worte und fast nur durch **Körperhaltungen** erzählt.

SIEHE AUCH

Ausdrucksstarke Gesichter **34**

Figuren zeichnen: Charaktertypen **40**

Bewegung **48**

Anlegen einer Ideenbank **78**

▶ Bewegte Figuren

Figuren in Aktion zeigen oft mehr Bewegung und Dynamik, weshalb die gebogene Körpermittellinie stark übertrieben werden muss. Zeichnen Sie Figuren, die sich vorbeugen, rennen, zuschlagen oder Rad fahren.

Der zweite Typ der Körpersprache, die Gestik, ist viel bewusster, denn die gestikulierende Person vermittelt eine klare, deutliche Aussage.

Erhobene Arme und ein Lächeln im Gesicht verraten Freude oder Festlaune.

Ausgestreckte Hände können eine Bitte um Verzeihung symbolisieren oder, wie hier, eine Frage oder Nichtwissen andeuten.

Die Gestik dieser Figur weist eindeutig auf Verärgerung hin.

Und nun Sie ...

- Versuchen Sie möglichst viele Empfindungen einfach nur durch Körpersprache abzubilden, von glücklich über gleichgültig bis deprimiert.
- Stellen Sie zwei sehr ausdrucksstarke Personen, etwa einen Boxer und eine Opernsängerin, nebeneinander und sehen Sie, wie sie aufeinander wirken.
- Legen Sie sich ein Archiv ausdrucksstark gezeichneter Figuren an, auf die Sie bei Bedarf zurückgreifen können.
- Zeichnen Sie verschiedene Körpertypen bei derselben Tätigkeit. Wie reagieren sie? Eine große, schlanke Figur kommt mit dem Schwimmen vielleicht besser zurecht als eine kleine, dicke.

Figuren bekleiden

Nachdem Sie nun Ihre Figuren perfektioniert haben, müssen Sie daran arbeiten, sie in Kleider zu stecken. Bedenkt man, dass die Menschen die meiste Zeit angekleidet verbringen, ist das ein wichtiger Bereich. Richtig getroffen, wertet Kleidung Ihre Cartoons auf.

Es gibt mindestens so viele Bekleidungsmaterialien wie Menschentypen. Haben Sie das Material gewählt, aus dem die Kleidung sein soll, kommt der wichtigste Punkt – wie die Kleidung am Körper einer Person sitzt.

Stilisierte Schuhe ersparen das Zeichnen realistischer Füße.

Kleider sind auch ein „Notbehelf", um schwierige Körpertypen zu verbergen.

Eine Lederjacke kann einen bestimmten Typ charakterisieren, etwa den Rebellen.

Auf einer glänzenden Lederjacke reflektiert das Licht anders als auf einer Jeans, oder einem Baumwollhemd.

Lose Sakkos oder Anzüge verbergen fast die ganze Körperform.

Ein hautenges Kleid zeigt klar und deutlich die ganze Figur.

Weite, schwarze Kleider eignen sich hervorragend dazu, unförmige Körper zu verhüllen.

Jeans und Baumwolle werfen mehr Falten als Leder.

SIEHE AUCH

Figuren **26**

Figuren zeichnen: Charaktertypen **40**

Figuren zeichnen: Soziales Umfeld **42**

Zeichnen nach der Natur **74**

Hier treten die Falten vorwiegend an Knien, Hüften und Armen auf.

Achten Sie auf die Pose der Figur. Sitzt oder steht sie? Oder tritt sie mit irgendeiner Art von Bewegung in Aktion?

An dieser Figur hängt die Kleidung ohne Bewegungsfalten. Das Sakko wirft dort einige Falten, wo sich das Material bauscht oder anliegt.

Steht ein Mann im Anzug da, wirkt der Stoff steif und kantig und seine Hose hat scharfe Bügelfalten. Bei einer Frau in einem langen, fließenden Kleid hingegen fällt der Stoff in weichen, schwingenden Falten.

Ein schlampiger Typ mit heraushängendem Hemd, Löchern im Pulli und zerschlissenen Schuhen kann ein Landstreicher oder zerstreuter Professor sein.

Kleidung kann auch auf den Charakter schließen lassen, da sich Menschen je nach Lebensstil unterschiedlich kleiden.

Beachten Sie, wie der Zeichner die Kleiderfalten an Knien und Armen übertrieben hat und wie lose die Kleidung an den Beinen schwingt.

Ist der Körper in Bewegung, dehnt oder faltet er den Stoff an manchen Stellen, während er ihn an anderen Stellen locker schwingen lässt.

Uniformen sagen natürlich etwas über den Beruf einer Person aus, ob es sich nun um einen Postboten, Matrosen oder Flugbegleiter handelt. Damit kann die Rolle einer Figur in einem Cartoon auf den ersten Blick verdeutlicht werden.

Und nun Sie ...

- Sehen Sie sich Ihre Kleidung an. Untersuchen Sie, wo sich Falten befinden und was sie an Armen oder Beinen verursacht. Wie sieht es bei hoch gekrempelten Ärmeln oder Hosenbeinen aus?
- Denken Sie an fünf verschiedene Berufe und wie die Leute, die sie ausüben, gekleidet sind. So könnten Sie z. B. einen Jockey zeichnen, der ein gemustertes Seidenhemd, Reithose, Reitkappe sowie Reitstiefel trägt und eine Peitsche hält.

Kleidung weist auf den Charakter hin und sollte daher mit Bedacht gewählt werden.

Figuren entwerfen: Charaktertypen

Sie haben jetzt die Fähigkeit erlangt, Gesichter und Figuren darzustellen und metonymisch zu verzerren. Jetzt ist es an der Zeit, alle Elemente zusammenzufügen und Ihren Figuren Leben einzuhauchen. Cartoonisten und Karikaturisten sind im Wesentlichen Geschichtenerzähler. Jede Figur oder Szene sollte daher die Handlung vorantreiben.

Überlegen Sie, welche Charaktertypen Sie in Ihrem Cartoon brauchen. Soll ein großer Basketballspieler oder ein kleiner Jockey vorkommen? Oder benötigen Sie eine sehr trendige Skaterin und eine mollige, konservativ gekleidete Dame mittleren Alters? Wofür Sie sich auch entscheiden, die unterschiedlichen Körpertypen müssen erkennbar sein, von der buckligen alten Dame mit Gehstock bis hin zu lebhaft tollenden Kindern.

SIEHE AUCH

Figuren zeichnen: Soziales Umfeld **42**

Zeichnen nach der Natur **74**

Zeichnen nach Vorlagen **80**

KÖRPERSPRACHE

Wenn Sie die Körperform geplant haben, denken Sie über die Körpersprache nach. Wedelt der Junge mit den Armen in der Luft oder hält er die Hände vors Gesicht? Droht die alte Dame mit der Faust oder winkt sie nur? Wenn sich diese Elemente zusammenfügen, beginnt die Zeichnung zu leben.

AUSDRUCK

Denken Sie über das Gesicht nach – nicht nur über Dinge wie Falten oder Akne, sondern besonders über den Gesichtsausdruck. Auch eine alte Dame mit runzligem Gesicht kann mit einem breiten Grinsen lachen und der Junge könnte Überraschung oder Erschrecken ausdrücken.

KLEIDUNG

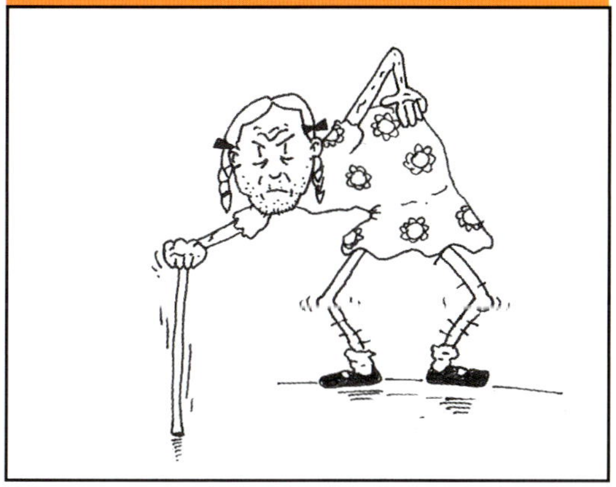

Die Kleidung sorgt für den letzten Pfiff. Zieht man verschiedenen Charaktertypen unerwartete Kleidung an, kann das amüsant wirken, etwa wenn ein kleines Mädchen wie ein Soldat gekleidet ist oder ein alter Mann wie ein kleines Mädchen. So etwas verblüfft den Leser und weckt seine Aufmerksamkeit.

Und nun Sie ...

- Zeichnen Sie ein Szenario, etwa ein Schiff oder ein Büro, mit drei bis fünf verschiedenen Figuren. Vergessen Sie nicht, die Geschlechter und unterschiedliche ethnische Gruppen zu mischen.
- Überlegen Sie sich, welche Charaktereigenschaften Ihre Figuren haben und wie sich diese in ihrem Aussehen spiegeln sollen.

Denken Sie daran, dass es endlos viele Kombinationen von Gesicht, Körpertyp, Ausdruck und Kleidung gibt. Experimentieren bringt Sie auf Verbindungen, an die Sie zunächst gar nicht gedacht haben.

Figuren zeichnen: Soziales Umfeld

Nachdem Sie auf den vorhergehenden Seiten gelernt haben, unterschiedliche Charaktertypen zu schaffen, sollten Sie nun deren Persönlichkeit und Berufe herausarbeiten. Denken Sie an Kleidung, Frisur und generelles Aussehen jeder Figur, wenn Sie sie einer Gesellschaftsgruppe zuordnen wollen.

Wenn Sie nach der Natur zeichnen (siehe Seiten 74–75), stellen Sie bald fest, wie sich die Vertreter verschiedener Gesellschaftsgruppen verhalten und kleiden. Jede Ihrer Figuren sollte durch eine oder gar mehrere Kategorien wie Beruf, Klasse, Alter oder ethnische Zugehörigkeit bestimmt werden.

Das Wunderbare beim Erfinden der handelnden Personen ist, dass es endlos viele Möglichkeiten gibt, vom japanischen Touristen und Olympioniken bis hin zu Teenagern auf dem Skateboard oder Hausfrauen aus einem Vorort.

► Arbeitssuche

Überlegen Sie, welchen Beruf eine Figur ausübt. Personen, die in bestimmten Handwerks- oder Dienstleistungsberufen arbeiten, sind auf Anhieb an ihrer Uniform erkennbar (siehe Seite 38–39), bei kreativen oder kaufmännischen Tätigkeiten wird es schon schwieriger, sie durch Kleidung näher zu bestimmen. Denken Sie an Ihre Freunde und welchen Beruf sie ausüben. Was ziehen sie wohl an, wenn sie zur Arbeit gehen?

Vergessen Sie nie, dass die Gesellschaft aus endlos vielen Typen besteht.

SIEHE AUCH

Figuren zeichnen: Charaktertypen 40

Zeichnen nach der Natur **74**

Zeichnen nach Vorlagen **80**

Figuren einer bestimmten Gesellschaftsschicht sind besonders einfach zu gestalten, da sie auf den ersten Blick zu erkennen sind. So kann man z. B. eine reiche Frau mit Juwelen und einem Pelzmantel zeichnen.

Ein Landstreicher lässt sich mit schmutziger, zerrissener Kleidung, löchrigen Schuhen, unordentlichem Haar und unrasiert darstellen.

Manche ethnische Gruppen, wie etwa Sikhs (Inder), sind leicht zu erkennen (in diesem Fall am Turban und Bart), während afrokaribische Figuren durch die Frisur oder, wenn Sie in Farbe arbeiten, durch die Hautfarbe zu bestimmen sind.

◄► Das Alter des Mannes

Alter ist leicht darzustellen, da die Unterschiede vom Baby bis zum alten Kauz sehr offensichtlich sind. In den Altersgruppen der Zwanzig- bis Vierzigjährigen zeigen sich die Unterschiede nicht so klar. Alter wird vornehmlich durch Falten im Gesicht angedeutet. Ein Babygesicht sollte in der Regel glatt sein und kaum Falten haben. Wenn die Figuren altern, kann man langsam Linien um Mund und Augen einfügen. Aber übertreiben Sie nicht, sonst sieht die Figur tätowiert aus!

Und nun Sie ...

- Zeichnen Sie in einer einzigen Szene mehrere Personen aus verschiedenen Gesellschaftsschichten und denken Sie dabei an eine Situation, in der die Figuren aufeinander treffen, etwa auf einem Flughafen oder am Bahnsteig.
- Stellen Sie sich vor, wie Personen in stereotypen Berufen aussehen, etwa ein rundlicher Chefkoch mit gerötetem Gesicht oder ein großer, gut gebauter Polizeibeamter, der Autorität ausstrahlt.

Tiere

Cartoontiere können in relativ kurzen Arbeitsschritten gezeichnet werden, wenn man einige Grundregeln befolgt. Sehen Sie sich verschiedene Tiere in der Natur und auf Fotos an und betonen Sie dann ihre auffälligsten Charakteristika, ob das nun die großen Ohren und der Rüssel eines Elefanten sind oder die Fühler und sechs Beine einer Ameise.

▶ Nackter Bär!

Hut, Kragen, Krawatte und ein aufrechter Gang genügen schon, damit Yogi Bär fast menschlich wirkt.

ZEICHNEN VON TIEREN

Die Grundform von Tieren besteht wie bei Menschen aus Kreisen, Ovalen und Linien. Danach arbeitet man Körperfülle und Details aus. Der wesentliche Unterschied zwischen einem Cartoontier und einer realistischen Zeichnung zeigt sich im Gesicht. Reale Tiergesichter sind oft so unbeweglich, dass man keine Gefühle in sie hineininterpretieren kann. Das Gesicht von Cartoontieren dagegen muss ausdrucksstark sein und eher menschlich als tierisch wirken.

Tiere, auf die menschliche Charakterzüge übertragen werden, nennt man anthropomorph. In Cartoons tauchen sie in vielfältiger Form auf.

Sie können Tiere – z. B. einen Bären – mit witzigem Gesicht und menschlicher Körpersprache darstellen. Er kann Rad fahren, aufrecht gehen und am Schreibtisch sitzen, ähnelt aber abgesehen vom Cartoongesicht einem echten Bären.

Oder Sie nehmen einen Bären samt seinen normalen Körperattributen – Tatzen, Fell usw. – und zeichnen ihn mit Kleidung und Hut oder lassen ihn ein Musikinstrument halten. Das bringt ihn dem Menschsein einen Schritt näher, ohne ihn – ähnlich wie Yogi Bär in den Trickfilmen von Hanna-Barbera – das wesentliche „Bärsein" aufgeben zu lassen.

Eine andere Alternative ist, den Bärenkopf zu nehmen und auf einen menschlichen Körper zu setzen, also eine Mischfigur zu schaffen, die immer noch wie ein Bär aussieht, sich aber wie ein Mensch bewegt. Beine, Arme und Hände können menschlich aussehen oder Bärencharakteristika haben, etwa starken Haarwuchs oder Fell auf den Armen.

SIEHE AUCH

Figuren **26**

Metonymische Verzerrung **32**

Zeichnen nach Vorlagen **80**

ANTHROPOMORPHE SCHERZE

Sie können auch charakteristische Elemente verschiedener Tiere nehmen und neue Fantasiewesen erschaffen oder diese auf Menschen übertragen und ihnen so ein animalischeres Aussehen verleihen.

▲ Fantasietiere

Die abgebildeten Tiere zeigen Charakterzüge von Mensch und Tier.

Trotz ihrer menschlichen Hände haben Fasan und Tapir noch die ursprünglichen Tierfüße.

Kleidung und Auto geben den Tieren eine menschliche Note. Beachten Sie die Zebrastreifen auf dem Wagen.

◀ Koala in Angst

Dieses Tier sieht wie ein normaler Koala aus, aber sein entsetzter Gesichtsausdruck und seine aufrechte Haltung wirken menschlich.

▲ Marsupilami

Der belgische Zeichner André Franquin schuf das witzige Marsupilami, *indem er Charakteristika verschiedener Tiere kombinierte, u. a. Affenkörper und -schwanz, Leopardenflecken und Hasenohren.*

▲ Pferdewitz

Sehen Sie sich den klassischen Pferdewitz von Thelwell an. Jedes Pferd hat, wie die Jockeys, einen eigenen Gesichtsausdruck.

Und nun Sie ...

- Studieren Sie verschiedene Tierformen und -körper. Was für einen Charakter lassen diese Körper vermuten? Handelt es sich um einen langsamen, beschränkten Elefanten oder um eine flotte, schlaue Ente?
- Betrachten Sie verschiedene Gesicher von Menschen und versuchen Sie diesen tierische Züge zu verleihen. Denken Sie daran, dass man sagt, Hundebesitzer würden ihren Hunden ähneln. Zeichnen Sie in einem Park Menschen mit den Charakteristika ihrer Tiere. Ein alter Major kann an eine Bulldogge oder einen Bluthund erinnern, eine große elegante Dame an einen Afghanen.

▼ Bauernhofkomik

In diesem Bild sind traditionell aussehende Schweine, Tiere mit ausgeprägten Gesichtern, sowie eine Katze und ein Hase, die aufrecht gehen, zu einer Gruppe vereint.

Licht und Schatten

Lichteffekte sind in einem Cartoon immer sehr nützlich, wenn Sie Spannung aufbauen oder eine Stimmung erzeugen wollen. Viele Zeichner benutzen Licht und Schatten, um den Lesespaß zu erhöhen. Je nachdem, wie Sie die Beleuchtung in einer Szene einsetzen, können Sie beim Leser unterschiedliche Gefühle wecken.

Um Licht und Schatten gut einsetzen zu können, muss man das Konzept der Lichteinfalls verstehen. Sehen Sie sich um. Können Sie erkennen, woher das Licht kommt und wie es auf der Rückseite von Gegenständen, die es abblocken, einen Schatten erzeugt? Diese Grundüberlegung ist der Schlüssel zu stimmungsvollen Cartoons. Wenn Sie die Systematik der Lichtquellen und der von ihnen erzeugten Schatten verstanden haben, können Sie anfangen, sie nach Bedarf zu übertreiben. Es bleibt Ihnen überlassen, ob Sie das Licht naturalistisch einsetzen oder es übertreiben, um im Kontrast mit den Schatten den Realitätsgrad zu er-höhen. Die Beispiele zeigen verschiedene Möglichkeiten auf.

Mit Licht und Schatten erzielen Ihre Cartoons beim Leser besondere Wirkungen.

LICHTQUELLEN

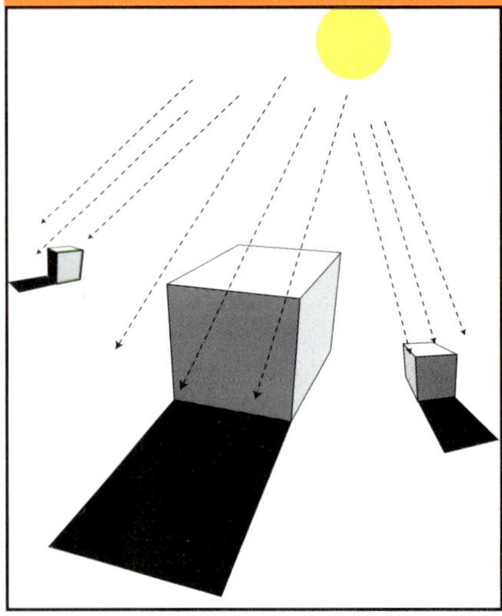

In diesem Bild sehen Sie die Wirkung einer Lichtquelle auf einen Würfel: Die dem Licht abgewandte Seite ist dunkler als die anderen und der Würfel wirft einen Schatten hinter sich.

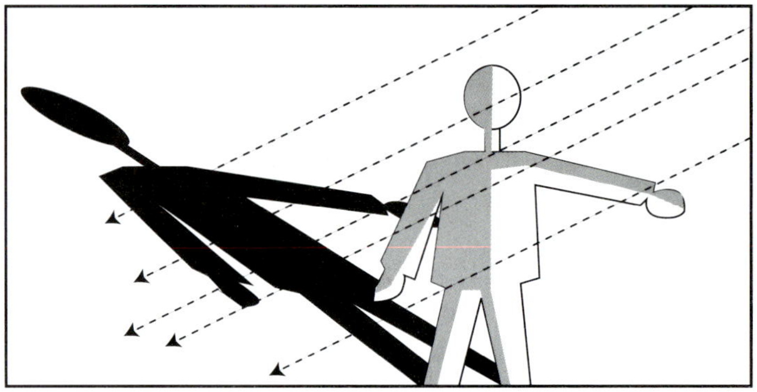

Wie im Beispiel mit dem Würfel sehen wir hier, wie einfallendes Licht wirkt, wenn es auf eine Figur fällt. Beachten Sie, dass die nicht direkt beleuchtete Körperseite schattiert ist und welche Form der erzeugte Schatten annimmt.

SIEHE AUCH
Spezialeffekte 50
Zeichnen nach der Natur 74
Federn und Marker 90

▶ Spannung durch Beleuchtung

Will Eisner ist als Meister der Beleuchtung bekannt. In diesem Beispiel aus seinem bahnbrechenden Comicroman Ein Vertrag mit Gott *steigert er mit Licht und Schatten die dramatische Spannung.*

◀ Licht von unten

Betrachten wir die praktische Anwendung von Licht und Schatten bei einigen der großen Meister der Comic-Kunst. Dieses Bild stammt aus dem Comicstrip Mort Cinder *des großartigen argentinischen Zeichners Alberto Breccia. Beachten Sie, wie er mit Licht und Schatten Stimmung erzeugt.*

▲ Hell kontra dunkel

Der exzellente Alex Toth erzeugt in seinen Bildern beim Spiel von Licht und Schatten verblüffende Effekte.

◀ Chiaroscuro

Der belgische Zeichner André Franquin, vorrangig für seine humoristischen Comics bekannt, schuf mit Schwarze Gedanken *eine Reihe düsterer Parodien, die sich von all seinen früheren Arbeiten unterscheiden. Der hier eingesetzte Beleuchtungseffekt, „chiaroscuro" (eine Manipulation heller und dunkler Flächen), dient dazu, beim Leser ein Gefühl der Beunruhigung zu erzielen.*

Und nun Sie ...

- Sehen Sie sich die Beispiele an und überlegen Sie, woher das Licht jeweils kommt. Überlegen Sie sich, wohin die Schatten fallen würden, wenn die Lichtquelle bewegt würde.
- Zeichnen Sie eine einfache Figur und kopieren Sie sie mehrmals. Dann zeichnen Sie in die Kopien verschiedene Lichtquellen und die zugehörigen Schatten ein.
- Benutzen Sie in einem abgedunkelten Raum eine Taschenlampe und beobachten Sie im Spiegel, wie Sie bei Beleuchtung aus unterschiedlichen Richtungen aussehen. Oder lassen Sie das einen Freund machen und skizzieren Sie ihn dabei.
- Zeichnen Sie Menschen, Bäume und Gebäude zu unterschiedlichen Tageszeiten, um festzustellen, wie sich der Sonnenstand auf den Schatten auswirkt.
- Beachten Sie, wie sich Licht auf Glas, besonders bei Autos, spiegelt. Beachten Sie auch die Schatten in und neben Autos an sonnigen Tagen.

Bewegung

Die wahre Kunst des Comic- und Cartoonzeichnens liegt darin, in statischen Bildern Bewegung zu vermitteln. Dies galt vielen Zeichnern seit Marcel Duchamp und den Futuristen als große Herausforderung. Zum Glück haben es Cartoonisten heute etwas leichter, da die Illusion der Bewegung in Comics and Cartoons gang und gäbe ist.

In Cartoons wird Bewegung üblicherweise durch das Hilfsmittel der Bewegungslinien verdeutlichtdie um bewegte Personen oder Objekte gezeichnet werden. Sie erscheinen z. B. hinter einem laufenden Mann oder deuten das Wackeln einer Vase an. Dieses Element der Stilisierung ist im Lauf der Jahre immer komplexer geworden. Es hat in manchen Ländern recht unterschiedliche Formen angenommen und insbesondere in Japan scheinbar ein Eigenleben entwickelt (siehe unten). Man kann Bewegung auch anders andeuten, aber keine Methode ist so allgegenwärtig oder variabel wie die Bewegungslinie.

Spiegelt die Zeichnung jedoch den Bewegungsablauf nicht wider, helfen alle Bewegungslinien der Welt nichts. Ist Ihr Strich lebhaft und die von Ihnen gewählte Pose ausdrucksstark genug, stellen Sie vielleicht fest, dass Sie gar keine Hilfslinien benötigen, um die Illusion von Bewegung hervorzurufen.

BEWEGUNGSLINIEN

Wenn Sie Bewegungslinien verwenden, sollten die Striche immer vom bewegten Objekt ausgehen. Zeichnen Sie sie deshalb immer von diesem weg.

In japanischen Comics, oder Manga, ist vielleicht die extremste Form der Bewegungslinie dargestellt. In diesem Bild aus Otomos Akira *folgen die Linien nicht dem Objekt. Stattdessen ist der Hintergrund voll von ihnen. Damit soll die Aufmerksamkeit des Lesers auf die Figuren und nicht auf den vorbeirasenden Hintergrund gelenkt werden.*

In dieser Kariaktur von Vaughn Shoemaker sieht man, wie trefflich Bewegungslinien eine Bewegung andeuten. Beachten Sie, wie sie der Geißel durch die Luft folgen. Shoemaker hat so die Gewalt und Geschwindigkeit des Schlags angedeutet, der den Geschundenen (die Zivilisation) am Boden trifft.

SIEHE AUCH

Figuren **26**

Spezialeffekte **50**

Zeichnen nach Vorlagen **80**

◀ Mehrfachbild als Bewegung

Dieses Bild aus der von Bernard Krigstein gezeichneten klassischen Comicgeschichte Meisterrasse *zeigt eine andere Methode, Bewegung darzustellen. Die Fahrgäste in der fahrenden U-Bahn sind mehrfach zu sehen, während die Person im unbewegten Vordergrund nur einmal dargestellt ist.*

In Cartoons Bewegung zu bringen, ist die Kunst, Raum in Zeit zu verwandeln.

▼ Aktionslinien

Dieses Bild von Jack Kirby, der über drei Jahrzehnte lang amerikanische Comichefte gezeichnet hat, zeigt Bewegungslinien bei extrem heftiger Aktion. Sie fliegen von der zentralen Figur nach außen und zeigen die Bewegungsrichtung an. Hintergrund und Protagonisten werden klar gezeichnet, wobei die Bewegungslinien alles zu „überlagern" scheinen.

▲ Schatten als Bewegung

Schatten unter einem bewegten Objekt können sehr hilfreich sein, wie dieses Beispiel aus Bill Wattersons Comicstrip Calvin & Hobbes *zeigt. Das Auto, in dem Calvins Familie sitzt, fährt eindeutig, obwohl keine Bewegungslinien zu sehen sind. Der Schatten unter dem Auto und die Form der Räder symbolisieren die Geschwindigkeit.*

Und nun Sie ...

- Sehen Sie sich genau an, wie Ihre Lieblingszeichner Bewegung andeuten.
- Fotos sind oft gute Vorlagen für bewegte Objekte. Betrachten Sie sich genau, wie Fotografen entweder das bewegte Objekt oder dessen Hintergrund – je nach Verschlusszeit – unscharf werden lassen. Versuchen Sie Actionfotos abzupausen und die Bewegung mit Bewegungslinien zu simulieren.
- Wie zeichnen Sie ...

  ... einen Mann, der einem anfahrenden Bus nachrennt?

  ... ein um die Kurve fahrendes Auto?

  ... einen Hund, der eine Frisbeescheibe fängt?

  ... eine Frau, der ein Absatz vom Schuh abbricht?

  ... jemanden, der gegen einen Tisch läuft und fast eine Tasse umstößt?

Spezialeffekte

Eine der Besonderheiten von Cartoonzeichnungen ist, dass sie das Unsichtbare sichtbar machen können. Cartoonisten haben ein umfangreiches visuelles Vokabular entwickelt, mit dem sich die verschiedensten Gefühlszustände darstellen lassen. Das erweist sich als immenser Vorteil, wenn es darum geht, die Ideen des Zeichners dem Leser rasch zu vermitteln. Dabei sind Spezialeffekte von besonderem Wert.

Offensichtlichster Spezialeffekt ist die Sprechblase. Hiermit können Gespräche und Gedanken in einem ansonsten stummen Medium gezeigt werden. In der nächsten Lektion befassen wir uns genauer mit Sprechblasen.

Einige andere Spezialeffekte sind unten abgebildet. Ihnen allen gemeinsam ist die Möglichkeit, dem Leser augenblicklich Information zu verdeutlichen. Interessanterweise haben viele dieser Spezialeffekte keinen „richtigen" Namen. Daher hat Anfang der 1980er-Jahre der amerikanische Comiczeichner Mort Walker, der Erfinder von *Beetle Bailey*, die Spezialeffekte zu seiner eigenen Belustigung in dem Buch *The Lex(icon) of Comicana* benannt. Obwohl diese Bezeichnungen keinen Anspruch auf Allgemeingültigkeit erheben, werden einige auch heute noch gern von manchen Zeichnern verwendet. Deshalb sind sie bei den nachfolgenden Beispielen zitiert.

Das Schöne an Spezialeffekten ist, dass man sich nicht unbedingt an sie halten muss, sondern eigene erfinden kann, wenn man eine bessere Idee hat!

EMANATA (STRAHLENKRANZ)

Einer der bekanntesten Effekte ist der Strahlenkranz um einen Kopf, der einen Schock oder eine Überraschung symbolisiert. Walker nennt diese vom Kopf ausgehenden, sehr nützlichen Strichelchen „Emanata".

PLEWDS (SCHWEISSTROPFEN)

Eine Variante sind die vom Kopf wegspritzenden Schweißtropfen. Walkers „Plewds" deuten an, dass jemand schwer arbeitet, große Sorgen oder Angst hat.

GREAT IDEA (AUFGEHENDES LICHT)

Wenn Sie zeigen wollen, dass jemand eine tolle Idee hat, dann ist das über dem Kopf „aufgehende Licht" (Lampe oder Kerze) angesagt. Man kann es in einer Blase oder frei im Raum zeichnen.

SQUEANS (PLATZENDE BLÄSCHEN)

Eine andere Form der Emanata sind die platzenden Bläschen, die Walker „Squeans" nennt. Sie deuten an, dass jemand beschwipst ist. Gelegentlich werden dabei auch Bläschen vor dem Platzen gezeigt.

SIEHE AUCH

Cartoontexte **52**

Anlegen einer Ideenbank **78**

Vektorenbilder **116**

▶ **Platzende Bläschen in Aktion**

Dieser betrunkene Legionär aus Asterix: Das Geschenk Cäsars *ist sehr prägnant. Die Zunge hängt ihm heraus, er klammert sich an den Tisch und fuchtelt mit dem Arm.*

Insgesamt gesehen werden diese **Effekte** zu einer Art **Stenografie des Zeichners,** um das **Verborgene oder Unsichtbare** sichtbar zu machen.

BRIFFITS (STAUBWÖLKCHEN)

Manche Cartoonisten verwenden eine Reihe von Staubwölkchen hinter einer Figur, um eine Bewegung anzudeuten.

BAD DAY (VERREGNETE LAUNE)

Wenn Ihre Figur einen miesen Tag hat, dann greifen Sie doch einfach zu einer Gewitterwolke, die ganz offensichtlich die Laune drückt. Vergessen Sie dabei Blitz und Regentropfen nicht.

LUCAFLECT (FENSTERSPIEGELUNG)

Ein „Lucaflect", die Spiegelung eines aus vier Scheiben bestehenden Fensters, kann andeuten, dass etwas brandneu oder glänzend ist. Dabei kümmert es niemanden, ob ein Fenster mit Fensterkreuz in der Nähe ist oder nicht!

Und nun Sie ...

- Sehen Sie in den Arbeiten Ihrer Lieblingszeichner nach, welche Spezialeffekte sie verwenden.
- Überlegen Sie sich Situationen, in denen Sie denselben Effekt für verschiedene Dinge verwenden könnten. Drücken Sie z.B. Angst, Konzentration oder peinliches Berührtsein mit Schweißtropfen aus.
- Nur weil viele Zeichner die gleichen Symbole verwenden, müssen Sie das nicht nachmachen. Fallen Ihnen für eine bestimmte Situation bessere Symbole ein?
- Zeichnen Sie ein Gesicht und fotokopieren sie es mehrmals. Wenden Sie dann verschiedene Symbole an. Funktionieren diese von allein oder bedarf es zusätzlich eines veränderten Gesichtsausdrucks?

Cartoontexte

Cartoons müssen zwar keine Textelemente beinhalten, haben sie aber meist doch. Bei Witzbildern oder Cartoons steht der Text (ein Dialog, innerer Monolog oder einfach eine Beschreibung) meist als eine Art Libretto unter dem Bild. Bei Comics erscheint dagegen der Text im Bild in Sprechblasen, einem Hilfsmittel, das es nach Ansicht von Comicexperten in verschiedenen Formen seit Jahrhunderten gibt.

In dieser Lektion beschäftigen wir uns fast ausschließlich mit Comics, da bei ihnen Textelemente zum kompositionellen Bildelement werden. Text wird in mehreren, klar unterscheidbaren Formen in Comics eingebaut, auch wenn es dabei zu Überschneidungen kommen kann. Der Text ist (außer bei manchen Lizenzausgaben) normalerweise handgelettert, allerdings werden Computerfonts, die wie Handlettering aussehen, immer beliebter.

SPRECHBLASEN

Gesprochener Text wird in der Regel von einer Sprechblase eingeschlossen, die mit einer Spitze, auch Pfeil genannt, zur sprechenden Person zeigt. Innere Monologe (Gedanken) erscheinen in Denkblasen, die gewöhnlich wolkig aussehen. Anstelle eines Pfeils weisen kleine Bläschen zur denkenden Person. Unterschiedliche Ränder der Sprechblasen deuten die Art des Redens an: Gezackte Ränder stehen für Schreien, durchbrochene Linien für Flüstern oder Murmeln.

TEXTKÄSTEN

Textkästen können verschiedene Arten von Textelementen beinhalten. Sie sollen als Beschreibung dienen oder die Szene vorbereiten (was doppelt gemoppelt sein kann, wenn die Szene ohnehin gezeichnet ist), einen internen oder externen Dialog wiedergeben, einen Zeitsprung andeuten oder als Kontrapunkt zur im Bild dargestellten Szene gedacht sein.

Vergessen Sie nie die Textelemente Ihrer Cartoons und deren Zusammenspiel mit den Bildelementen.

SIEHE AUCH

Mal- (oder Bitmap-) Programme **118**

Comics **132**

Werbe- und Verpackungsillustration **136**

DIGITALES LETTERING

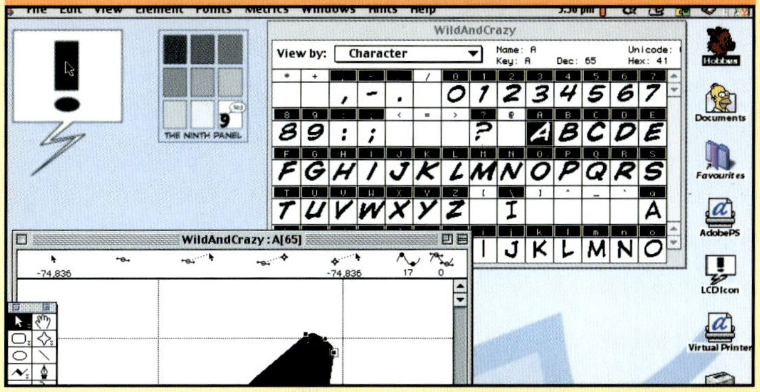

Vor einigen Jahren hat der britische Letterer Richard Starkings sein Lettering für den Computer digitalisiert und damit das Computerlettering aus der Taufe gehoben. Die Vorteile liegen auf der Hand: Es ist weniger zeitraubend, immer lesbar und leicht einzutippen. Die Nachteile sind weniger offensichtlich: Die Wirkung mag eintöniger und weniger auffällig sein, wenn Sie das gleiche Lettering verwenden wie andere Zeichner auch.
Entsprechende Computerfonts kann man kaufen oder gratis aus dem Internet herunterladen (siehe Seite 155). Die beste Lösung aber wäre, sich mithilfe eines Schriftdesignerprogramms seine eigenen Letteringfonts zu erstellen. Aber Vorsicht: Es kann viel Zeit kosten, bis sich ein selbst entwickelter Font wirklich einsetzen lässt.

HANDLETTERING

Handlettering (oder Kalligrafie) ist eine Kunst, die jeder Cartoonist beherrschen sollte, ob er einen Computer besitzt oder nicht. Gutes Handlettering gilt als individuell und trägt wesentlich zum Stil eines Zeichners bei. Es kostet allerdings etwas Zeit und kann in Knochenarbeit ausarten.

Und nun Sie ...

- Üben Sie Handlettern. Schreiben Sie immer wieder alle Groß- und Kleinbuchstaben (dazu die Zahlen und Satzzeichen). Denken Sie daran, dass Lettern im Gegensatz zur normalen Handschrift bedeutet, die Buchstaben zu zeichnen.
- Sehen Sie sich alle möglichen Schriften an und bringen Sie so viel wie möglich über das Zeichnen von Schrift in Erfahrung. Das macht Sie nicht nur zum besseren Letterer, sondern insgesamt zum vielseitigeren Zeichner.
- Wenn Sie einen Computer haben, können Sie mit Computerlettering experimentieren, indem Sie sich aus dem Internet vorhandene Gratisfonts herunterladen.

LOGO

Die meisten Comics haben irgendein Logo für das Titelblatt oder den Beginn einer Geschichte. Ein gutes Logo kann beim Leser eine Erwartungshaltung auslösen oder den Wiedererkennungswert gewährleisten.

SPEZIALEFFEKT-LETTERING

Zu den typischen Comicelementen zählt das Spezialeffekt-Lettering, das man übertrieben darstellen kann. Normalerweise handelt es sich dabei um Onomatopöien (lautmalende Worte). Dieser Letteringtyp ist oft auch »bewegt« und folgt der Lärmquelle oder Aktion, um noch gewichtiger zu erscheinen.

3. Kapitel

Bildkomposition

Die Bildkomposition stellt einen kritischen Punkt bei der Gestaltung von Comics und Cartoons dar. Ohne klaren, kompetenten Bildaufbau vermitteln Cartoons dem Leser **keine relevante Information** und wirken nicht. **Kompositorische Elemente müssen sorgfältig geplant** werden. Dazu gehören: **Blickwinkel** (von wo aus sieht man die Handlung?); **Blickfang** (was sehen wir?); **grafische Gewichtung** (welche

Wir betrachten als kompositorische Elemente den Schwarzweißkontrast, ...

... unterschiedliche Blickwinkel ...

Bedeutung haben Linien, Schatten und Farbe?); **Interesse wecken** (im Vorder-, Mittel- und Hintergrund der Zeichnung;) **Perspektive** sowie **Größenverhältnisse.** Auf den folgenden Seiten werden wir sehen, wie man **Bilder richtig aufbaut** und wie **verschiedene Kompositionen die gesamte Bildaussage verändern.**

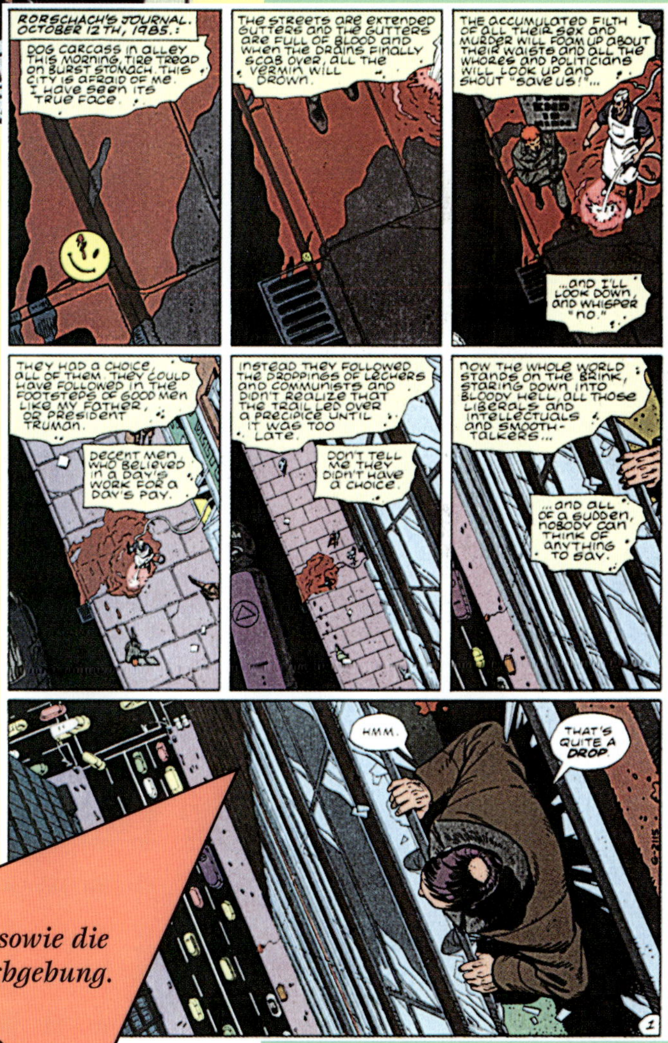

... sowie die Farbgebung.

Grafische Gewichtung

Grafische Gewichtung nennt man die Möglichkeit, mit bestimmten Bildelementen mehr Aufmerksamkeit zu erregen als mit anderen. Sie haben sicher bemerkt, dass in Cartoons große Gegenstände auffälliger sind als kleine. Ebenso fallen satte (oder hellere) Farben und Kontraste dem Leser stärker ins Auge.

Die Nutzung der Bildfläche, um den Blick zu steuern, ist der Ausgangspunkt jeder Bildkomposition, die dem Zeichner helfen soll, seine Idee zu vermitteln. Sehen wir ein leeres Blatt an, auf dem noch nichts gezeichnet ist, so hat eindeutig die Bildmitte das größte Gewicht. Jedes hier platzierte Bildelement zieht das Auge des Betrachters unweigerlich auf sich. Wir können das Bildzentrum verlagern, indem wir andere Bildelemente einfügen und deren Gewicht mit Größe, Farbe, Strichbreite oder Mustern so verändern, dass das Element in der Bildmitte nicht mehr das grafisch schwerste ist.

GEWICHTUNG IN DER PRAXIS

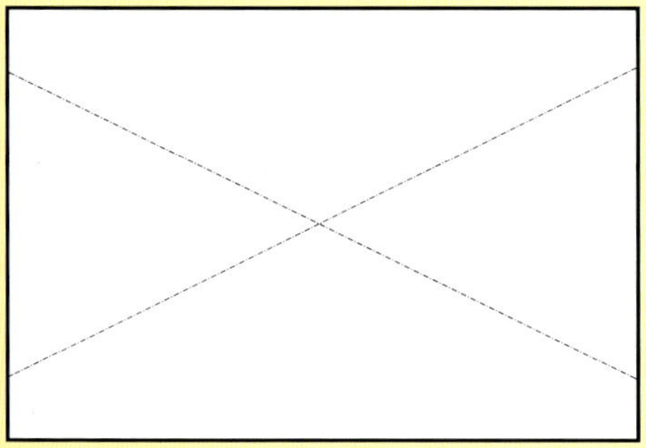

Sehen Sie sich ein leeres Blatt an. Noch ehe auch nur ein Strich gezeichnet ist, hat die Fläche bereits einen deutlichen „Schwerpunkt".

Der Schwerpunkt ist grafisch die gewichtigste Stelle der Fläche. Eine hier platzierte Figur lenkt das Auge des Betrachters auf sich.

Sind alle anderen Variablen konstant, wird ein größeres Bild irgendwo auf der Seite zum stärkeren und grafisch gewichtigeren Bildelement.

Verleihen Sie Elementen Ihrer Zeichnung „Gewicht" – das trägt dazu bei, dass der Leser auf Anhieb erkennt, was Sie vermitteln wollen.

SIEHE AUCH

Tusche **88**

Pinselzeichnung **94**

Farbe und Tonwert **100**

TONALER UNTERSCHIED

Es ist nicht immer sinnvoll, das gewichtigste Bildelement durch Größe zu betonen. Es gibt auch andere Möglichkeiten, einzelne Bildelemente stärker hervorzuheben. Eine davon ist der tonale Unterschied, der sich auf die Verwendung heller und dunkler Schattierungen und Farben bezieht. Ein kontrastreiches Bildelement lenkt die Aufmerksamkeit stärker auf sich als ein kontrastarmes.

VERWENDUNG VON MUSTERN

Die Verwendung von Mustern, also eine Wiederholung gleich angeordneter Striche, bietet sich als gute Alternative zum tonalen Unterschied an und erfüllt denselben Zweck.

VERWENDUNG VON FARBE

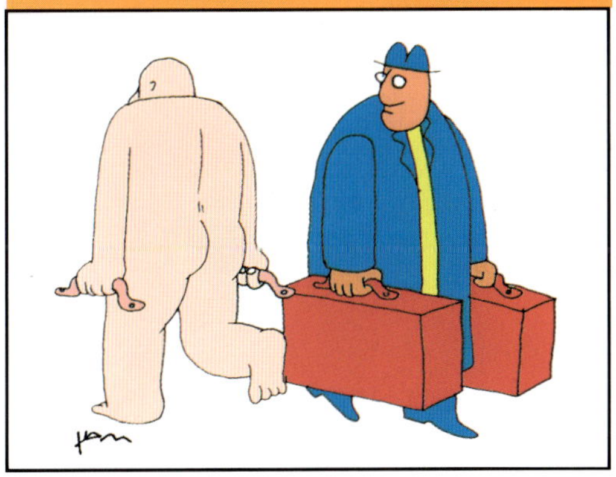

Die ausgeklügelte Verwendung von Farbe verhilft hervorragend zur grafischen Betonung. Sattere Farben übertrumpfen im Bild die blasseren an Gewicht und Bedeutung.

STRUKTURIERUNG

Strukturierungen mit weniger tonalen Variationen, etwa eine kräftige Tuschelasur, lenken den Blick des Lesers stärker auf sich als fein gegliederte Oberflächenstrukturen.

Und nun Sie ...

- Versuchen Sie in einem Bild mit zwei Figuren herauszuarbeiten, welche tonalen Unterschiede die größte Gewichtung bewirken.
- Überlegen Sie, wie Sie dem Leser eine Information vermitteln können, sei es durch den Erzählstil der Geschichte oder durch rein grafische Elemente. Spielen Sie mit Änderungen in Größe, Ton und Farbe, um in Ihren Bildern unterschiedliche Wirkungen zu erzielen. Wie würden Sie beispielsweise ein Gefühl der Bedrohung erzeugen?
- Versuchen Sie die Regeln zu brechen. Können Sie eine kleinere Figur durch Farbgebung, Platzierung oder Strukturierung gewichtiger machen als eine große?

Vordergrund

Wenn wir den Aufbau eines Bildes betrachten, sehen wir, dass das Bild in drei Ebenen aufgeteilt werden kann: Vordergrund, Mittelgrund und Hintergrund. Wenn wir diese drei Ebenen verstehen und anwenden, gelingt es uns, Interesse zu wecken und den Blick des Lesers durch die Zeichnung zu führen.

Sehen wir uns die einzelnen Bildebenen der Reihe nach an. Da ist zunächst der Vordergrund, der, wie schon der Name sagt, dem Betrachter am nächsten ist. Obwohl sich der Hauptteil der Aktion in Cartoons und Comics im Mittelgrund abspielt, erfolgt im Vordergrund die engste Interaktion zwischen den Figuren oder der Szene und dem Leser. Um eine dramatische, witzige oder emotionale Wirkung zu erzielen, ist der Vordergrund des Bildaufbaus nicht zu überbieten. Aber man kann es auch übertreiben und so den angestrebten Effekt ruinieren. Wie also lässt sich der Vordergrund der Bildkomposition nutzen, ohne es zu übertreiben?

▲Schaffen eines Blickwinkels

Wenn Sie Ihre Figuren in den Vordergrund stellen, kann das eine Zeichnung auf verschiedene Weise beeinflussen. Hier blicken die Figuren im Vordergrund ins Bild hinein, was wie ein Fenster wirkt, durch das der Leser deren Blickwinkel sieht. Den gleichen Effekt kann man durch Staffage wie Möbel oder Gebäude erzielen, die das Bild gut rahmen.

◀Spannung erzeugen

Die Hände, die im Vordergrund das Fenster hochschieben, erzeugen ein Gefühl der Spannung und Bedrohung.

SIEHE AUCH
Mittelgrund **60**
Hintergrund **62**
Blickwinkel **64**

◀▲**Gefühl zeigen**

Kombiniert man die Platzierung der Figuren im Vordergrund mit einer Nahaufnahme, erzeugt das einen subjektiven Blickwinkel. Diese Technik eignet sich sehr gut, um Gefühle oder Überraschung zu zeigen.

Und nun Sie …

- Zeichnen Sie eine Person, die ein hervorragendes Prüfungsresultat überreicht bekommt. Üben Sie dabei den Vordergrund zu nutzen, um die Empfindungen Ihrer Figur zu zeigen. Denken Sie auch an einige wichtige Hintergrundelemente, damit der Vordergrund nicht zum Nachteil der übrigen Bildkomposition überbetont wird.

Wie bei den meisten Cartoonelementen gilt auch für den Vordergrund: Weniger ist mehr.

- Denken Sie an eine Gelegenheit, bei der sie ein wichtiges Ereignis im Vordergrund zeigen, das die Figuren im Hintergrund nicht sehen können. Das ermöglicht es Ihren Lesern, wirklich in die Handlung hineingezogen zu werden.

Benutzen Sie nie zu viele extreme Vordergrundelemente in einer Komposition oder Kompositionsserie, da sie den Leser verwirren und den natürlichen Bilderfluss gestelzt oder gezwungen wirken lassen. Wenn Sie gleichzeitig auch Mittel- und Hintergrund zeigen müssen, achten Sie darauf, dass Sie ausreichend Platz zur Verfügung haben.

Obwohl mit großem Können gemalt, zeigt dieses Bild in allen Bildebenen zu viele Elemente, weshalb es schwer zu entziffern ist. Außerdem gibt es keine klar definierbare Unterscheidung zwischen den drei Bildebenen.

Auch das Layout der Einzelbilder trägt aufgrund der Anordnung der Bilder und ihrer Ähnlichkeit mit anderen Kompositionselementen zur Verwirrung bei.

Mittelgrund

Während bezüglich der Komposition die drei Bildebenen – Vorder-, Mittel- und Hintergrund – gleiches Gewicht haben und als ein Ganzes gesehen werden sollten, ist in der Praxis der Mittelgrund die meist genutzte Ebene. Das kommt daher, dass sich dort die meiste „Aktion“ abspielt.

Der Mittelgrund ist der geeignete Platz, um Ihre Komposition zu zentrieren, da an dieser Stelle das über das Bild schweifende Auge einen natürlichen Ruhepunkt findet. Die Verwendung des Mittelgrunds ermöglicht auch eine objektivere Darstellung der Ereignisse. Das bedeutet nicht, dass die Figuren im Mittelgrund keine Reaktionen und Gefühle zeigen können. Dennoch eignet sich diese Bildebene besonders gut dafür, ein Gefühl von Distanz zu schaffen.

Spielt Ihre Handlung im Mittelgrund ...

▲ Den Schauplatz bestimmen

Wenn Sie den Mittelgrund benutzen, muss er näher bestimmt werden. Befinden sich Ihre Figuren in der richtigen Umgebung, trägt das zum beabsichtigten Realismus bei. Spielt die Geschichte im Freien? Wenn ja, in der Stadt oder auf dem Land? Spielt sie drinnen? Wenn ja, im Wohnzimmer oder im Büro?

◀ Räumliche Beziehung

Es bedarf einiger Überlegungen, wenn man Figuren in den Mittelgrund stellt. Man muss die Beziehung der Personen zu ihrer Umgebung (Sind sie im gleichen Maßstab?) und zueinander (Ist die Figur links diejenige, die zuerst spricht?) beachten. Passt ihre Haltung zu der sich gerade abspielenden Szene?

... bekommt der Leser einen guten Überblick.

SIEHE AUCH
Bewegung **48**
Vordergrund **58**
Hintergrund **62**

▲ Ein Hauch von „Wirklichkeit"

Betrachten Sie jede Szene als Einheit. Passt die Anordnung des Bildmittelpunkts zur Gesamtkonzeption des Bildes? Wie würde das Verschieben von Bildelementen die gesamte Komposition beeinflussen?

Indem Briggs die Politiker in den Mittelgrund stellt, erzeugt er für die Seite als Ganzes eine Art Mittelpunkt, ohne auch nur eines der anderen Bildelemente zu untergraben.

Dieses Bild aus Raymond Briggs' Meisterwerk *Wenn der Wind weht* ist ein wunderbares Beispiel für die Verwendung des Mittelgrunds in Cartoons, was in jedem anderen Medium kaum anders möglich wäre als in Form einer Collage oder Montage. Beachten Sie, wie klar und präzise er das Bild komponiert hat und wie die Figuren der Politiker aus den Jahren des Zweiten Weltkriegs die Einzelbilder überlagern. Diese werden dadurch in den Bildhintergrund gedrängt.

Briggs' Verwendung des Mittelgrunds zeigt die Dynamik, die ein Experte dieser Bildebene verleihen kann.

Und nun Sie ...

- Was ändert sich für die Position der Figuren im Mittelgrund der Szene, wenn Sie den Blickwinkel ändern?
- Bedenken Sie, dass bei den meisten Ihrer Arbeiten das Hauptaugenmerk auf dem Mittelgrund liegen wird und dieser deshalb beim Planen eines Cartoons gut überlegt sein will.
- Der Mittelgrund muss nicht langweilig sein. Mit ein wenig Fantasie kann er Ihnen neue Bereiche der Kreativität eröffnen. Studieren Sie viele Cartoons und Comics, um die verschiedenen Möglichkeiten zu entdecken, wie andere Zeichner den Mittelgrund verwenden.

Hintergrund

Die letzte, aber keineswegs unwichtigste Bildebene ist der Hintergrund. Oft dient er dazu, den Schauplatz einer Comicszene festzulegen. Der Hintergrund kann aber auch sehr hilfreich sein, um dem Leser zusätzliche, nicht im Text vorhandene Informationen zu vermitteln.

Es ist immens wichtig, dem Leser den Schauplatz der Handlung im Hintergrund zu zeigen, um ihm die Idee der Zeichnung leichter zugänglich zu machen. Der Hintergrund kann komplex oder simpel sein, aber Sie müssen sich seiner Wirkung auf die Gesamtkomposition Ihres Bildes bewusst sein. Wir kommen darauf im Abschnitt über die Perspektive zurück (siehe Seite 68–69). Im Moment sollen Sie nur den Horizont in den Griff bekommen. Dieser ist die imaginäre Linie, die den Himmel von der Erde trennt, und befindet sich immer in Augenhöhe. Der Horizont hilft Ihnen, die Bildelemente im Hintergrund richtig anzuordnen und die korrekte Proportion Ihrer Figuren zu finden. Wenn etwa eine Figur zu einem Gebäude in der Ferne aufblickt, wo würden Sie dann den Horizont festlegen, damit das Zusammenspiel aller Bildelemente Sinn macht?

Die sinnvolle Nutzung des **Hintergrunds** trägt dazu bei, dem Leser **den Schauplatz der Handlung** vorzustellen.

► Schauplatz festlegen

Mit wiedererkennbaren Bildelementen im Hintergrund kann der Leser etwas über die Umgebung erfahren, in der eine Geschichte spielt. Außerdem lassen sich interessante Areale schaffen, die ein Gegengewicht zur Aktion in anderen Bereichen der Bildebene darstellen.

SIEHE AUCH

Vordergrund **58**

Mittelgrund **60**

Perspektive und Verkürzung **68**

In diesem Bild aus *Spirou und Fantasio* von Tome und Janry können wir den geschickten Umgang mit dem Horizont bewundern.

Farbe und detaillierter Hintergrund legen in diesem Bild den Schauplatz so fest, dass der Leser alle für das Verständnis nötigen Informationen erhält.

Durch den in diesem Bild tief angesetzten Horizont hat der Zeichner einen Bezug im Größenverhältnis von Haus und Figur festgelegt. Durch ein weiteres Auto im Bildhintergrund werden die Größenverhältnisse zusätzlich in Relation gesetzt.

Und nun Sie ...

- Schauen Sie sich an, wie unterschiedlich Comiczeichner und Cartoonisten den Hintergrund einsetzen.
- Denken Sie an den Hintergrund in Ihren Zeichnungen. Fallen Ihnen Orte ein, an denen man den Hintergrund weglassen könnte und doch das Gefühl vorhanden wäre, einen Schauplatz vor sich zu haben?
- Sehen Sie sich nicht nur an, wie Zeichner Hintergründe gestalten. Achten Sie auch bei Gemälden, Fernsehsendungen, Filmen und anderen Formen visueller Kunst auf die Bildkomposition.

◀ Eine „Welt" schaffen

Hier können wir sehen, wie der Zeichner den Hintergrund zur Bestimmung des Schauplatzes benutzt hat. Panoramen wie dieses können sich als unentbehrlich erweisen, wenn man den Leser in jene Welt hineinziehen will, die man für seine Geschichte erschafft.

▶ Emotion im Hintergrund

Hintergründe können, wie andere Elemente der Bildebene, in einer Zeichnung zu verschiedenen Zwecken benutzt werden. Hier erzeugen die schwarzen Flächen im Hintergrund ein Gefühl der Dunkelheit und Spannung.

Blickwinkel

Die Manipulation von Elementen in der Bildebene trägt zur Komposition bei und kann dem Leser Informationen vermitteln. Es ist jedoch auch sehr wichtig, die Bildebene zu verlassen und die Zeichnung aus dem Blickwinkel des Lesers zu betrachten.

Wie bei allen anderen kompositorischen Elementen, kontrollieren Sie genau, ab welcher Stelle der Leser „sieht", was passiert. Und natürlich kann auch dieser Blickwinkel so verändert werden, dass das Leseerlebnis des Lesers beeinflusst wird. Obwohl das Zeichnen älter ist als der Film, hat die Vorherrschaft des Films in unserer Kultur dazu geführt, dass bestimmte Begriffe von dort übernommen wurden. Das ist nirgendwo auffälliger als bei der Diskussion des Blickwinkels. So reden Comiczeichner oft von Nahaufnahmen, Vogelperspektive und Bildtotalen. Aber was können Sie damit anfangen?

▲ Teil der Handlung

Hier handelt es sich um eine Nahaufnahme. Der Leser wird in die Handlung einbezogen und sieht, was passiert, so als würde er bei der Geschichte mitspielen.

◀ Aufregend?

Der Blickwinkel kann das Leseerlebnis beeinflussen und die Zeichnungen beleben. Hier sehen wir eine Vorderansicht aus mittlerer Blickhöhe. Die Zeichnung ist zwar gut gemacht, aber nicht sonderlich aufregend.

◀ Aufmachertotale

Hier sehen wir ein Gesamtpanorama zur Einführung in eine Geschichte. Wie beim Film spricht man auch von einem „establishing shot". Zwar sind keine Figuren zu sehen, aber wir bekommen einen Eindruck davon, wo die Geschichte spielt und was für eine Atmosphäre wir erwarten dürfen.

SIEHE AUCH

Blickfang **66**

Perspektive und Verkürzung **68**

Maßstab **70**

Und nun Sie ...

◀ Veränderte Sicht

Extreme Blickwinkel bieten dem Leser einen interessanten Einstieg. Diesen Blickwinkel nennt man Vogelperspektive, weil der Leser auf die Handlung hinabsieht. Aus der Froschperspektive dagegen richtet sich der Blick vom Boden nach oben. Beide Perspektiven werden besonders gern in Comics verwendet, um Actionsequenzen einen Rahmen zu geben oder um Figuren, die nur miteinander reden, interessanter wirken zu lassen.

Beachten Sie, wie der Blickwinkel das relative Gewicht der Figuren betont.

Ein veränderter Blickwinkel hebt die Formen hervor und verdeutlicht, wie das Licht auf diese einfällt.

Beachten Sie, wie der veränderte Blickwinkel den Zeichner zwingt, Perspektive und perspektivische Verkürzung zu berücksichtigen.

Schatten helfen, den Blickwinkel zu verdeutlichen.

▶ Mithilfe des Blickwinkels erzählen

Auch Blickwinkel innerhalb von Blickwinkeln sind möglich. Überlegen Sie nicht nur, von wo aus der Leser die Szene betrachtet – beachten Sie auch, was er tatsächlich vom Bild sieht. Sind die Figuren im Profil gezeichnet? Oder im Dreiviertelprofil? Stehen sie höher als der Leser oder erblickt er sie um eine Ecke herum?

- Stellen Sie Blickwinkel innerhalb von Blickwinkeln dar. Zeichnen Sie einen Actionstrip und überlegen Sie, von wo aus der Leser die Handlung betrachtet und welchen Ausschnitt des Bildes er sieht. Versuchen Sie folgende Ansichten zu zeichnen:

  – Profil;

  – Dreiviertelprofil, d.h. zwischen Vorder- und Profilansicht;

  – Figuren höher als der Leser oder so, als blicke der Leser hinter einer Ecke hervor auf sie.

Den Blickwinkel zu verändern kann eine langweilige Szene beleben.

Blickfang

Eine weitere Facette der Bildkomposition ist der Blickfang. Mit verschiedenen Methoden, etwa der grafischen Gewichtung, können wir das Auge des Lesers auf die Stelle oder Person im Bild lenken, die den Blickfang darstellen soll. Begreifen wir den Blickfang, auch Fokus genannt, als kompositorisches Element, wird der Vorteil dieser Steuerungsmöglichkeit für den Erzählvorgang deutlich.

Wofür benötigt man eigentlich einen Blickfang? Beim Cartooning will der Zeichner dem Leser etwas sagen, ob er nun eine spannende Geschichte entwickeln, Fakten vermitteln oder nur einen Witz erzählen will. Isoliert man bestimmte Bildelemente, lenkt das die Aufmerksamkeit des Lesers auf sie. Auf diese Weise wird der Leser manipuliert, nur die Informationen aufzunehmen, die wichtig sind, und sich nicht durch andere Bildelemente von der eigentlichen Handlung ablenken zu lassen.

▲ Blickfang Tonwert

Am einfachsten erzeugt man einen Blickfang, indem man schwarze Flächen bzw. Rasterflächen (Letratone, Zipatone; siehe Seite 108–109) verwendet oder sich der Computergrafik bedient. Diese Techniken isolieren die für die Erzählung wichtigen Figuren von ihrem Umfeld oder heben die Bildbereiche hervor, die in Bezug zur Handlung stehen. Sie können auch Lichtquellen so manipulieren, dass sie zum Blickfang beitragen.

► Blickfang Farbe

Farbe eignet sich gut dazu, den Blick zu lenken. Ein Farbelement in einer ansonsten schwarzweißen Umgebung oder kräftige Farbtupfer in blass koloriertem Umfeld erzeugen den nötigen Blickfang.

SIEHE AUCH
Grafische Gewichtung **56**
Farbe und Tonwert **100**
Alternative Materialien und Bildaufbau **108**

Der Blickfang ist eine **mächtige Waffe** im Arsenal des Comiczeichners.

▲ Licht und Schatten

Tonale Unterschiede im Kontrast von Licht und Schatten können sehr nützlich sein. Eine detailliert gezeichnete Figur inmitten flächig geschwärzter Charaktere wird sofort die Aufmerksamkeit des Lesers auf sich ziehen.

▲ Den Blick einfangen

Lenken Sie den Blick auf die Bildelemente, die Sie dem Leser nahe bringen wollen, und lassen Sie überflüssige Informationen wie den Hintergrund einfach weg.

FALSCHER BLICKFANG

Hier sehen wir ein Bild ohne klaren Blickfang. Trotz attraktiver Darstellung hat der Zeichner das Bild durch eine übermäßige Strukturierung und eine verwirrende Verwendung der Bildebenen unleserlich gemacht.

Es ist schwer zu sagen, was hier als Blickfang dienen soll, obwohl eine gute Rahmentechnik angewandt wurde. Dieses Beispiel zeigt ein überstrukturiertes Bild.

Ein verwirrender Gebrauch der Bildebenen lenkt von der eigentlichen Bildaussage ab.

Und nun Sie ...

- Sehen Sie sich an, wie selektiv verschiedene Zeichner in ihren Comics Bildelemente als Blickfang gestalten.
- Wie würden Sie in einem Einzelbild-Cartoon und einem Comicstrip das Augenmerk auf eine einzelne Person richten? Wäre das eine ganz andere Technik?
- Überlegen Sie, wie man den Blickfang mit einer eingeschränkten Farbpalette gestalten könnte.

Perspektive und Verkürzung

Von allen Elementen der Bildkomposition ist die Perspektive vielleicht am schwierigsten zu verstehen. Aber begreifen müssen Sie sie, auch wenn Sie sie später ignorieren wollen. Perspektive und Verkürzung sind zu komplex, um sie auf so kleinem Raum erschöpfend zu erklären. Deshalb befassen wir uns hier nur mit den Grundlagen, um Ihnen das Prinzip verständlich zu machen, das Sie dann eigenständig vertiefen sollten.

Überall um uns herum wirken Perspektiven. Es ist eine Frage der Optik, dass Gegenstände umso kleiner erscheinen, je weiter sie entfernt sind. Aber haben Sie schon einmal bemerkt, dass die geraden Linien eines Gebäudes in der Ferne auf einen gemeinsamen Punkt zuzulaufen scheinen? Diesen Punkt nennt man Fluchtpunkt. Er liegt immer auf der Horizont (siehe Seite 62–63). Natürlich existiert dieser Punkt nicht wirklich, aber er ist für den Künstler von unschätzbarem Wert. Wenn Sie eine Reihe von Linien zeichnen, die von diesem Punkt ausgehen, und die geraden Linien Ihres Gegenstands an diesen ausrichten, ergibt das eine Einpunktperspektive. Wenn Sie sich einen zweiten Fluchtpunkt am Horizont vorstellen und von dort aus Linien zeichnen, die Sie mit denen des ersten Punkts verbinden, können Sie eine Zweipunktperspektive konstruieren, die aussieht, als würden Sie

ÜBUNGEN IN PERSPEKTIVE

Hier sehen wir das offensichtlichste Beispiel einer Einpunktperspektive: Schienen, die in der Ferne verschwinden und sich am Horizont scheinbar in einem Fluchtpunkt treffen.

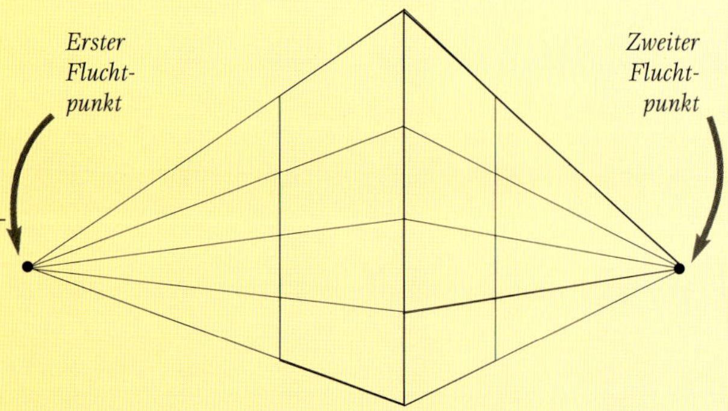

Zweipunktperspektiven gibt es, weil wir in einer dreidimensionalen Welt leben. Wenn wir am Horizont zwei verschiedene Fluchtpunkte festlegen, können wir mit ihrer Hilfe den dreidimensionalen Effekt räumlicher Objekte auf einer flachen, zweidimensionalen Oberfläche simulieren.

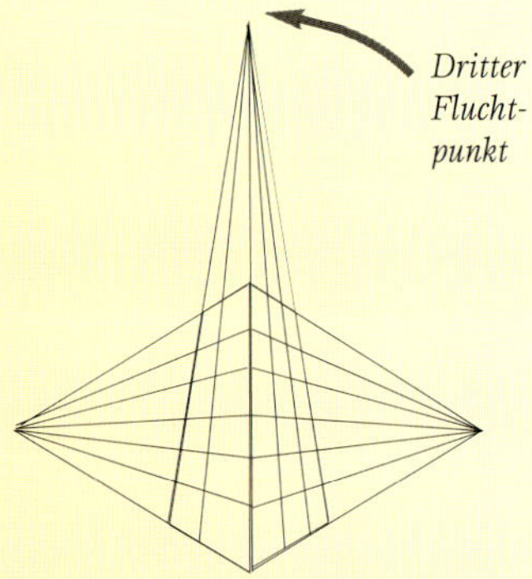

Dreipunktperspektiven berücksichtigen, dass es Oben, Unten, Länge und Breite gibt. Mit der Dreipunktperspektive können wir Vogel- und Froschperspektiven konstruieren (siehe Seite 64–65), indem wir nicht nur zeigen, dass Gegenstände in der Ferne kleiner werden, sondern sich auch nach oben (im Zenit) oder unten (im Nadir) verjüngen, je nachdem von wo aus wir die Gegenstände betrachten.

SIEHE AUCH
Hintergrund **62**
Blickwinkel **64**
Zeichnen nach der Natur **74**
Von der Beobachtung aufs Papier **76**

auf eine Hausecke schauen. Blicken Sie dann auch noch an dieser Ecke nach oben (oder unten), finden Sie einen weiteren Fluchtpunkt und haben eine Dreipunktperspektive.

Perspektive, Überschneidung (der Bereich, in dem sich Formen oder Linien unterschiedlicher Bildebenen überlagern oder berühren) sowie Verkleinerung (das Kleinerwerden eines Gegenstands, je weiter er sich von uns entfernt) – sie alle sind Beispiele, mit Hilfe derer man Bildtiefe erzeugen kann. Sie tragen dazu bei, die dreidimensionale Welt, in der wir leben, auf ein zweidimensionales Medium wie Papier zu transportieren, um ein realistisches Abbild der Wirklichkeit zu schaffen. Ein anderes Mittel, um Tiefenillusion besonders bei Lebewesen zu erzeugen, ist die perspektivische Verkürzung. Sie versucht das zweidimensional darzustellen, was wir in Wirklichkeit dreidimensional sehen, wenn uns etwa ein Arm entgegengestreckt wird. Wir wissen, dass der Arm die gleiche Masse und das gleiche Volumen hat, als hinge er nur am Körper herab, müssen dies aber in Beziehung zu dem setzen, was wir sehen. Da menschliche Formen weich und gerundet sind, ist es hilfreich, sie sich für die perspektivische Verkürzung als eine Abfolge von Kreisen oder Ovalen vorzustellen, die ihre Form je nach Blickwinkel des Betrachters verändern.

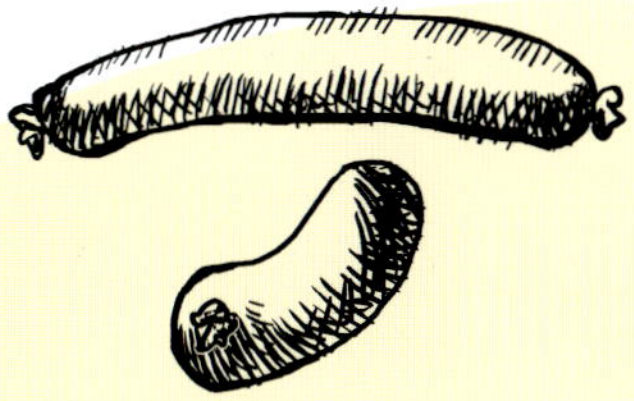

◄ Verkürzung

Stellen wir uns einen Mann wie aus Ovalen aufgebaut vor (ähnlich wie Würste), hilft uns das, die Verkürzung in den Griff zu bekommen. Betrachten wir eine Wurst von der Seite, sieht sie dünn und länglich aus. Von vorn, verkürzt dargestellt, ist sie rundlicher und dicker. Das gilt auch für den menschlichen Körper.

Perspektive und Verkürzung ermöglichen es, unsere dreidimensionale Welt zweidimensional darzustellen.

Und nun Sie ...

- Haben Sie erst einmal die Perspektive verstanden, können Sie, um kompositorische oder erzählerische Effekte zu erzielen, mit ihr spielen oder sie ignorieren. Sehen Sie sich die Comics von Zeichnern wie Cliff Sterrett oder Winsor McCay an, die mit der Perspektive viele wunderbare impressionistische Effekte schufen.
- Überlegen Sie, wann der Verzicht auf Perspektive das Leseerlebnis des Lesers steigern könnte.
- Sehen Sie sich im Alltag um und achten Sie darauf, wo Perspektive und perspektivische Verkürzung vorkommen. Versuchen Sie Beispiele zu skizzieren, die Sie besonders eindrucksvoll finden.

◄ Menschen in der Perspektive

In diesem Beispiel sehen wir deutlich die Verkürzung: Sie erzeugt den Eindruck, als wäre der Arm auf den Betrachter gerichtet. Der ausgestreckte Arm wird runder und breiter gezeichnet, je näher er unserem Blickwinkel kommt.

Maßstab

Als letzten Aspekt der Bildkomposition wenden wir uns dem Maßstab zu. Dabei handelt es sich im Wesentlichen um die Beziehung verschiedener Bildkomponenten zueinander, etwa um den Größenunterschied zwischen Mensch und Wolkenkratzer.

Der Maßstab beruht auf Erfahrungen, die Leser und Zeichner gleichermaßen haben. Beispielsweise wissen wir, wie groß ein durchschnittlich gebauter Mensch ist und dass ein Wolkenkratzer um einiges größer als ein Mensch ist. Diese gemeinsame Erkenntnis rührt daher, dass wir schon einmal Menschen und Wolkenkratzer gesehen haben. Mit Hilfe der Perspektive und anderer kompositorischer Hilfsmittel wie der Überschneidung können wir Größen maßstabsgerecht einander anpassen, den Maßstab überbetonen oder gar negieren. Wenn wir mit dem Maßstab spielen, können Spezialeffekte erzeugt werden, die im Film Millionen kosten würden. Wollen Sie Ameisen zeigen, die so groß wie Häuser sind und Menschen attackieren? Wollen Sie einen Mann auf die Größe einer Streichholzschachtel schrumpfen lassen? Dann wenden Sie den Maßstab an.

EIN GEFÜHL FÜR MASSSTÄBE BEKOMMEN

Der Horizont befindet sich immer auf der Augenhöhe des Betrachters (siehe Seiten 62–63 und 68–69). Damit kann man den Maßstab andeuten, da gleich große Gegenstände den Horizont an derselben Stelle schneiden. Zeigen wir zwei ähnliche Gegenstände, die den Horizont an unterschiedlichen Stellen schneiden, schaffen wir zwischen ihnen eine Größenrelation.

Diese meisterhafte Bildabfolge des unglaublich einfallsreichen Comiczeichners Winsor McCay vermittelt durch Überschneidungen ein Gefühl für die Größenrelationen zwischen Menschen und Gebäuden. In diesem Fall ist der Maßstab absichtlich umgekehrt und bewirkt so eine traumartige Atmosphäre.

SIEHE AUCH
Vordergrund **58**
Hintergrund **62**
Perspektive und Verkürzung **68**
Zeichnen nach Vorlage **80**

◀ Eindrucksvoll

Hier sehen wir, wie der Zeichner mit Hilfe der Perspektive eine Respekt einflößende Distanz zwischen der Größe des Betrachters und jener der Gebäude geschaffen hat.

Größenverhältnisse effektvoll darzustellen bewirkt beim Leser ein Gefühl des Staunens.

Und nun Sie ...

Wie würden Sie nach all den bisher gesehenen Lektionen ...

- ... eine Straßenszene aus dem Blickwinkel eines Mannes zeigen, der sich im Auto einer Kreuzung nähert?
- ... einen Mann in der Ferne zeigen, den ein Riese bedroht?
- ... den Torschuss aus der Sicht des Torwarts zeichnen? Oder aus der Sicht des Elfmeterschützen? Oder aus der Sicht eines Zuschauers im Stadion?
- ... die Perspektive nutzen, um einen Mann zu zeigen, der in einen leeren Liftschacht schaut?
- ... ein Paar zeichnen, das sich inmitten einer Menschenmenge auf einem Kostümball küsst? Was würden Sie in den Vorder-, Mittel und Hintergrund platzieren?

◀ Raffiniert

Dieses Bild aus dem Comicstrip Pogo *von Walt Kelly benutzt die Figur des Höhlenmenschen, um die Größe der in den Fels gehauenen Buchstaben zu illustrieren.*

4. Kapitel

Und nun Sie – Cartoonpraxis

Sie sollten jetzt eine gute Vorstellung von **allen Elementen** haben, die einen **erfolgreichen Cartoon** ausmachen – vom **grundlegenden Figurenzeichnen** bis zu **amüsanten Karikaturen** und **komischen Tieren**, oder von **Schauplätzen**, **Maßstab und Perspektive** bis zu **Beleuchtung**, **Blickwinkel und Gewichtung**. In der Theorie kann man all diese Dinge individuell üben, aber im nächsten Kapitel sehen wir, wie man sie zu **wirklich erstklassigen Cartoons kombiniert**.

Humor und die Bereitschaft, über sich selbst zu lachen, sind die Voraussetzungen für einen guten Cartoonisten!

THE CARTOONIST'S MATERIAL — YESTERDAY AND TODAY

Wir befassen uns damit, **nach der Natur** zu **zeichnen** und **visuell und kreativ Ideen** für die zukünftige Verwendung **zu sammeln.** Außerdem erklären wir, wie man **verschiedene Situationen und Szenen der realen Welt in brauchbare Cartoons übersetzt.**

Die Welt um Sie herum bietet die besten Anregungen für Cartoons oder politische Karikaturen und einfache Witze.

Zeichnen nach der Natur

Um Ihre Fähigkeiten beim Zeichnen auszubauen, sollten Sie ständig Augen und Ohren offen halten. Es gibt täglich praktisch tausende von Gelegenheiten, die Sie sich für Ihr Training zu Nutze machen können.

Gewöhnen Sie sich an, immer einen kleinen Skizzenblock und einen Zeichenstift mitzunehmen. Wann immer Sie etwas Witziges sehen oder eine interessante Person bemerken, können Sie sich dann eine Skizze machen. Nehmen Sie sich Zeit, Orte aufzusuchen, an denen sich viele Menschen aufhalten, wie etwa Parks, den Strand oder einen Bahnhof, und skizzieren Sie die Leute. Für diese Skizzen sollten Sie nur etwa eine Minute brauchen, damit Sie den für einen guten Cartoon erforderlichen Schwung hinbekommen.

Achten Sie auf beiläufige Gespräche. Oft ergeben sich im Alltag die witzigsten Situationen. Durch Beobachtung gewinnt der Cartoonist genauso wie der Komiker.

Denken Sie daran, beim Skizzieren nicht aufzufallen.

◀ Skizzenblock

Beschränken Sie sich nicht auf Skizzen von Menschen und Gebäuden; zeichnen Sie auch Pflanzen und Tiere.

▶ Menschen beobachten

Legen Sie sich einen Fundus mit zahlreichen Skizzen von Menschen an, die gehen, sitzen, laufen und plaudern. Wählen Sie möglichst viele Körertypen, ethnische Gruppen und Kleidungsstile. Denken Sie daran, dass es so etwas wie den Durchschnittsmenschen nicht gibt! So bekommen Sie ein Gefühl dafür, wie Menschen im wirklichen Leben reagieren, was im Gegenzug Ihre Bildkomposition und Ihre Figuren verbessert.

SIEHE AUCH
Ausdrucksstarke Figuren **36**
Hintergrund 62

Und nun Sie ...

- Tragen Sie einen Skizzenblock und Zeichenutensilien mit sich herum und notieren Sie amüsante oder interessante Gesprächsfetzen.
- Skizzieren Sie bei jeder Gelegenheit Menschen, Orte, Autos und Tiere – einfach alles, von dem Sie meinen, dass Sie es in Ihren Cartoons verwenden können. Je fleißiger Sie üben, desto schneller machen Ihre Fähigkeiten Fortschritte.

▲ Schauplätze und Szenerie

Studieren Sie unbewegte Objekte, wie etwa Gebäude und Autos, aber auch Menschen. Das hilft Ihnen, Ihre Hintergründe glaubwürdiger zu gestalten.

▼ Tragbare Skizzierausrüstung

Versuchen Sie immer eine Skizzierausrüstung, bestehend aus Bleistift, Papier und Radierer, bei sich zu haben – Sie wissen nie, wann Sie sie brauchen!

Manche Menschen mögen nicht gezeichnet werden oder **benehmen sich gehemmt** und anders, wenn sie sich **beobachtet fühlen.**

Von der Beobachtung aufs Papier

Wenn Sie sich eine Sammlung schriftlicher und gezeichneter Notizen angelegt haben, ist es an der Zeit, dieses Rohmaterial in Cartoons umzuwandeln.

Die grundlegenden Figurenskizzen, die Sie bis jetzt angefertigt haben, müssen ausgearbeitet und von überflüssigen Bleistiftlinien befreit werden. Das lässt sich erreichen, indem Sie eine saubere Version auf die endgültige Zeichnung übertragen. Ist die Skizze schon ausgearbeitet, können Sie sie am Lichttisch oder mit Hilfe von Transparentpapier durchpausen.

Die Komposition der neuen Zeichnung kann aus mehreren Beobachtungsskizzen zusammengestellt werden. Entwerfen Sie zunächst eine Rohskizze. Manche Figuren, die für den Hintergrund bestimmt sind, müssen verkleinert werden. Stellen Sie Einzelskizzen zusammen und schaffen Sie so eine neue Situation.

Dieses Stadium des Cartoonzeichnens ist **entscheidend,** da hier die **groben Ideen zusammenkommmen ...**

WITZE ERZÄHLEN

Überlegen Sie, welche Art Cartoon Sie zeichnen wollen. Bei Comics benötigen Sie die Schnittfolge und die Erzählung, da pro Seite bis zu 10 oder 15 Einzelzeichnungen anfallen. Hier wird der gleiche Witz in zwei verschiedenen Formen erzählt. Die erste Variante verwendet ein Bild mit einigen Sprechblasen, die zweite teilt die Geschichte in mehrere Bilder auf und lässt sie wie einen traditionellen Zeitungsstrip ablaufen.

Hier sind die Gesichter beider Figuren zu sehen und die Reaktion der Person, die die Frage stellt, ist auf Anhieb erkennbar. Das verleiht dem Cartoon Nachdruck und beschleunigt sein Erzähltempo.

In diesem Fall beginnt der Witz mit einer Nahaufnahme des Erzählers. Beachten Sie, dass der Leser dabei der zuhörenden Figur im Vordergrund über die Schulter blickt.

SIEHE AUCH
Metonymische Verzerrung **32**
Cartoontexte **52**
Zeichnen nach der Natur **74**

◀ Vom Charakterkopf zur Karikatur

Denken Sie an die metonymische Verzerrung und übertreiben Sie auffällige Züge, um einer realistischen Figur einen stärkeren trickfilmähnlichen Touch zu geben.

... und einen peppigen Cartoon schaffen.

Als nächstes wird die Reaktion des Zuhörers gezeigt: Ihn sieht der Leser aus dem Blickwinkel des Witzeerzählers.

Nun folgt eine Wiederholung des ersten Bildes, aber mit verändertem Gesichtsausdruck.

Schließlich wird ein Bild mit stummer Reaktion angehängt, um den Gesichtsausdruck zu betonen und so dem Witz Pfiff, Tempo und Gewicht zu geben.

Und nun Sie ...

- Planen Sie einen Witz. Wählen Sie die Erzählform, die am besten zur Idee passt. Handelt es sich um ein einzelnes Witzbild, ein Zeitungscomic, eine politische Karikatur oder gar eine fünfseitige Comicgeschichte?
- Ändern und ergänzen Sie Ihre ursprünglichen Skizzen, damit Komposition und Look in der fertigen Bleistiftreinzeichnung besser funktionieren.
- Überlegen Sie, ob Sie Farbe verwenden möchten und wie sie diese nutzen können, um die Stimmung der Szene festzulegen.
- Betrachten Sie noch einmal, wie auf diesen Seiten der Witz erzählt wird. Fallen Ihnen andere Möglichkeiten ein, diesen Witz bildlich umzusetzen?

Witze sollte man nicht erklären, aber hier ist es nötig – Anm. des Übersetzers:

Meine Frau ging auf die Westindischen Inseln.

Jamaica? *(sprich: Dschamäika – klingt wie Didja make 'er? = Hast du sie gezwungen?)*

Nein, sie wollte es selbst.

Anlegen einer Ideenbank

Eine der nützlichsten Werkzeuge in Ihrem Cartooning-Arsenal ist eine Ideenbank. Sie wird Ihr größtes Nachschlagewerk, wenn es darum geht, neue Cartoons zu entwerfen oder wenn Sie die gefürchtete Schreib- oder Zeichenblockade bekommen.

Im Wesentlichen wird Ihre Ideenbank aus zwei Teilen bestehen: aus schriftlichen sowie gezeichneten Notizen. Bei Ersteren sollten Sie möglichst viele Gags, Ideen für Geschichten und Dialogfetzen festhalten. Diese können Sie überall aufschnappen. Am häufigsten werden Schriftsteller gefragt: „Wo haben Sie Ihre Ideen her?" Die Antwort lautet natürlich: „Von überall". Ob es sich nun um ein zufällig gehörtes Gespräch, eine Zeitungsmeldung oder eine interessante Fernsehsendung handelt – notieren Sie alles oder schneiden Sie die Meldung aus, wenn Sie glauben, sie könnte einen Cartoon ergeben.

Ähnlich sollten die gezeichneten Notizen Bilder aus Ihrem Skizzenblock sowie aus Büchern und Zeitschriften enthalten, vielleicht auch selbst gemachte Fotos. Auf diese Bilder können Sie zurückgreifen, wenn sie schwierige oder technische Dinge wie Autos oder Staubsauger zeichnen wollen.

Sorgen Sie dafür, dass Ihre **Ideenbank** zu jeder Zeit **leicht zugänglich** und **klar gegliedert** ist, ...

VORAUSPLANEN

Die Ideenbank eignet sich gut dafür, Sequenzen für Zeitungsstrips oder Comicgeschichten zu notieren. Planen Sie die Bildfolge und Komposition für jeden Strip in kleinen Scribbles voraus, damit sie bei der tatsächlichen Zeichnung keine Zeit mit Fehlern oder überflüssigen Änderungen verschwenden.

Hier versucht der Zeichner, die Sprechblasen verschieden anzuordnen.

Haben Sie keine Angst davor, Fehler durchzustreichen. Notieren Sie Änderungen und Notizen einfach am Seitenrand.

Nehmen Sie Textideen und verwandeln Sie sie in entsprechende Bilder.

SIEHE AUCH
Der Arbeitsplatz 16
Zeichnen nach der Natur 74
Zeichnen nach Vorlagen 80

◀ Die wichtigste Quelle

Wenn Sie eine Ideenbank besitzen, können Sie jederzeit aus dieser Quelle schöpfen, wann immer Sie Inspirationen benötigen. Das kann eine wertvolle Hilfe sein, wenn Termine drängen!

... da es **nichts Schlimmeres** gibt, als nach **Skizzen oder Texten zu suchen!**

▼ Skizzensammlung

Die Ideenbank bildet ein exzellentes Archiv für Zeichnungen und Notizen zu Figuren, die Sie regelmäßig verwenden. Versuchen Sie jede Figur in verschiedenen Posen und mit unterschiedlichen Gesichtsausdrücken zu zeichnen.

Und nun Sie ...

- Archivieren Sie Ihr Material nach einem Ihnen verständlichen System. Während der eine seine Unterlagen lieber alphabetisch ordnet, sortiert sie ein anderer thematisch.
- Versuchen Sie mit dem Material Ihrer Ideenbank einen Comic zu entwickeln. Überlegen Sie aber, wer Ihre Geschichte lesen soll – wer ist Ihr Zielpublikum?
- Ergänzen Sie Ihre Ideenbank ständig und beziehen Sie sich immer wieder darauf. Es könnten Entwürfe darin verborgen sein, die Sie bei einem früheren Projekt verworfen haben, die aber zu einem anderen perfekt passen.

Zeichnen nach Vorlagen

Neben dem Beobachten und Skizzieren nach der Natur ist die nächstbeste Quelle für Bilder Ihr Bildarchiv. Es unterscheidet sich von der Ideenbank insoweit, als es Referenzmaterial beinhaltet, mit dem Sie sich das Aussehen bestimmter Objekte in Erinnerung rufen können, ohne dass die abgelegten Bilder ein Anstoß für Ideen sind.

Der einfachste Weg, nach Vorlagen zu arbeiten, ist das Durchblättern von Zeitschriften, Zeitungen und Büchern oder das Betrachten von Fotos. Sie können aber auch selbst Fotos von Gegenständen oder Personen machen, die Sie in Ihrem persönlichen Stil in Ihren Cartoons verarbeiten wollen. Andere Quellen für Bildmaterial sind öffentliche Bibliotheken oder das Internet. Wenn Sie Bilder ausgewählt haben, archivieren Sie sie nach einem System, das Ihrer Arbeitsweise entspricht, sei es alphabetisch oder thematisch.

Sie können **interessante Effekte** und Zeichenstile **entwickeln, ...**

FOTOS ALS VORLAGEN

Wenn Sie sich an Fotos orientieren, denken Sie daran, dass das nur ein Anfang ist. Versuchen Sie nicht das Endbild zu realistisch zu machen. Jedes Foto ist es wert archiviert zu werden, wenn Sie meinen, es könnte eine potenzielle Cartoonfigur oder einen brauchbaren Hintergrund abgeben.

1. Das zuerst abgepauste Bild sieht dem Foto noch sehr ähnlich.

2. Wenn Sie eine gezeichnete Version des Fotos haben, fangen Sie an die Striche zu vereinfachen.

SIEHE AUCH

Ausdrucksstarke Gesichter **34**

Zeichnen nach der Natur **74**

Anlegen einer Ideenbank **78**

Fotokopiemontage **96**

◀ Hintergründe

Hier ist eine karikierte Figur vor einen Hintergrund gestellt, der aus einem Foto kopiert wurde. Beachten Sie, wie sich die weiche, runde Figur von dem streng eckigen Hintergrund abhebt.

3. Sie werden Ihren eigenen Zeichenstil wahren wollen, also überlegen Sie, wie weit Sie Details reduzieren können, um das Bild besser fließen zu lassen.

... wenn Sie kopierte Bilder mit den Zeichnungen Ihrer Figuren kombinieren.

▶ Die Technik hilft

Sie können Bilder direkt am Lichttisch mit Transparentpapier abpausen oder ein Bild mit einem Overheadprojektor auf Papier projizieren.

Und nun Sie ...

- Schneiden Sie Bilder, die Ihnen hilfreich erscheinen, aus Zeitungen und Zeitschriften aus. Wenn Sie etwa einen Strip zeichnen, der im Dschungel spielt, suchen Sie Bilder von tropischen Pflanzen, Pantern, Schlangen, Spinnen und anderen Tieren. Das erweist sich später als nützlich.
- Katalogisieren Sie Ihre Bilder nach einleuchtenden Kategorien wie „rennende Gestalten“ oder „Polizisten“.
- Üben Sie, indem Sie von Bildern abzeichnen, um Ihren eigenen Cartoonstil zu entwickeln.

5. Kapitel

Material & Methoden Papiermedien

Auf den folgenden Seiten sehen wir **Materialien und Methoden**, die **Cartoons mit analogen Medien** entstehen lassen. Sie werden also **nicht mit digitalen Hilfsmitteln oder am Computer** gezeichnet, sondern mit **Feder, Bleistift, Tusche und Farbe auf Papier**.

Mit vielen verschiedenen Farbmedien lassen sich ganz unterschiedliche Wirkungen und Eindrücke erzielen.

Wir zeigen, wie man für **jeden einzelnen Auftrag das beste Material auswählt** und wie man es verwendet und pflegt, damit es möglichst viele Jahre lang gute Dienste leistet.

Mit einem Pinsel erzielt man geschwungene Linien, die gefällig für das Auge wirken.

Papiersorten

Es gibt mehrere Arten von Papier. Während manche Cartoonisten auf die eine oder andere Sorte schwören, verwenden andere je nach Auftrag unterschiedliches Papier.

Als Anfänger probiert man am besten verschiedene Papiersorten aus, um zu sehen, was man mit ihnen machen kann und was nicht. Beachten Sie, dass innerhalb einer Papierart selbst von nur einem Hersteller Qualitätsschwankungen möglich sind. So könnten Sie sich freuen, endlich das perfekte Papier gefunden zu haben, nur um beim nächsten Kauf festzustellen, dass es so gut wie untauglich für Sie ist.

Papier wird nach zweierlei Maßen bestimmt, nach Format und nach Gewicht. Das Format wird entweder nach DIN-Norm oder, hauptsächlich in Amerika, nach Imperialmaß gemessen. Das Papiergewicht, das etwas über die Stärke und Stabilität aussagt, gibt man in USA in Pfund (abgekürzt „lb." oder „lbs.") an, in Deutschland und praktisch ganz Europa hingegen in Gramm pro Quadratmeter (g/m²).

PAPIERSORTEN

Hier stellen wir einige der üblicherweise von Cartoonisten verwendeten Papiersorten und ihre Verwendungsmöglichkeiten vor.

Zeichenpapier und Karton werden gern zum Zeichnen verwendet, weil sie eine glatte Oberfläche besitzen. Obwohl sich diese Papiere und Kartons gut für Bleistiftzeichnungen eignen, können Probleme auftreten, wenn Sie die Tusche mit dem Pinsel auftragen. Wegen der glatten Oberfläche nimmt das Papier die Tusche von einem Pinsel nicht so gut an. Eine Zeichenfeder ist besser, da die Spitze die Papieroberfläche ankratzt und so dafür sorgt, dass die Tusche besser absorbiert wird. Auch Radieren kann auf diesem Papier schwierig werden. Drücken Sie mit Bleistift zu fest auf, gräbt sich die Linie ins Papier und lässt sich nicht mehr entfernen. Bei übermäßigem Radieren kann die Tusche außerdem abgehen oder verschmieren. Dennoch wird auf diesem Papier gern mit Tusche gezeichnet, weil es robust und preiswert ist.

Zeichenkarton

Zeichenpapier

Aquarellpapier hat eine rauere, körnigere Oberfläche als Zeichenkarton und kann mit vielen Medien bemalt werden. Die Oberfläche ist auch für Tuschzeichnungen mit dem Pinsel ideal. Für das Arbeiten mit Zeichenfedern eignet es sich weniger, da sich die Federspitze im Korn verhaken und klecksen kann. Auch Marker, speziell mit wasserlöslicher Farbe, kann man auf diesem Papier nicht verwenden, da es die Farbe aufsaugt und eine klare Linienführung verhindert.

Körniges Papier

Biegsamer Karton

Biegsamer Karton wird am häufigsten zum Cartooning verwendet. Zu dieser Kategorie zählt Bristolkarton. Er wird aus mehreren Papierschichten hergestellt und ist daher sehr stabil. Er ist aber auch leicht genug, um den Postversand zum Verleger preisgünstig zu halten. Bristolkarton gibt es in zwei- oder dreilagiger Ausführung. Er hat eine glattere und eine rauere Seite, sodass er sich für Feder und Pinsel eignet. Sein Idealgewicht beträgt 250 g/m² (120 lbs.). Damit ist er schwer genug, um Tusche oder Farbe anzunehmen, leicht genug für den Postversand und ausreichend biegsam, um in der Reproanstalt auf die Scannertrommel aufgelegt zu werden.

SIEHE AUCH

Bleistifte **86**

Tusche **88**

Federn und Marker **90**

IMPERIALMASSE

Imperial	22 x 30 inch (559 x 762 mm)
Half imperial	15 x 22 inch (381 x 559 mm)
Double imperial	30 x 44 inch (762 x 1118 mm)

DIN-FORMATE

A1	594 x 841 mm (23.39 x 33.11 inch)
A2	420 x 594 mm (16.54 x 23.39 inch)
A3	297 x 420 mm (11.69 x 16.54 inch)
A4	210 x 297 mm (8.27 x 11.69 inch)

PAPIERGEWICHT

72 lb.	150 g/m^2
90 lb.	180 g/m^2
120 lb.	240 g/m^2
140 lb.	285 g/m^2
200 lb.	410 g/m^2
300 lb.	600 g/m^2
400 lb.	850 g/m^2

Die meisten Zeichen- oder Aquarellpapiere gibt es auch auf einen festen Rücken aufgezogen, man nennt sie dann **fester Karton**. Dieser eignet sich besonders für Präsentationen, jedoch in größeren Mengen schlecht zum Postversand. Wenn Sie auf festem Karton für eine Publikation arbeiten, achten Sie darauf, dass das Papier „abnehmbar" ist, d.h. dass die Papieroberfläche (mit Ihrer Zeichnung) vom stabilen Rücken abgenommen werden kann, damit sie in der Reproanstalt auf die Zylindertrommel eines Scanners aufzulegen ist. Wenn das nicht möglich ist, kann die Zeichnung beim Versuch, sie dennoch abzunehmen, beschädigt werden.

Abnehmbares Papier

Transparentpapier

Layoutpapier

Layoutpapier – ein dünnes Papier, das vor allem Layouter in Werbeagenturen verwenden – ist ideal für die Seitengestaltung und kann leicht am Lichttisch auf das eigentliche Zeichenpapier übertragen werden. **Transparentpapier** ist ein dünnes, durchscheinendes Papier, das hauptsächlich für die Bildkomposition und die Korrektur von Fehlern im Original verwendet wird. Layout- und Transparentpapier sind zwar sehr nützlich, aber ein Zeichenpapier ersetzen sie nicht.

Es gibt noch andere Alternativen zu dem teureren Zeichenpapier und -karton. Dazu gehören **Velin- oder Offsetpapier** mit einer rauen Oberfläche, die sich für Strichzeichnung und Farbe eignen. Das leichtere **Skizzenpapier** verwendet man zu wenig mehr als zum Skizzieren. Auch auf holzfreiem **Schreibmaschinen-** oder **Kopierpapier** lassen sich kleine Cartoons und Entwürfe anfertigen.

Velinpapier

Und nun Sie ...

- Wie jedes Zeichenmaterial hat auch Papier seinen Preis. Versuchen Sie das für Sie beste Papier zu finden, auch wenn es etwas teurer ist.
- Sehen Sie sich die Papiersorten an, die ein Geschäft für Zeichenbedarf führt. Wenn Sie freundlich fragen, dürfen Sie vielleicht sogar einige ausprobieren.
- Es macht Sinn, sich in Fachzeitschriften zu informieren, was andere Zeichner benutzen, und Tests nach diesen Informationen auszurichten.
- Bleiben Sie nie bei nur einer Sorte Papier, da selbst innerhalb einer Papiersorte starke Qualitätsschwankungen vorkommen. Experimentieren Sie.

Nehmen Sie stets das richtige Papier für die richtige Aufgabe.

Bleistifte

Bleistifte sind für den Cartoonisten ein wichtiges, vielleicht sogar das persönlichste Handwerkszeug. Die Typenvielfalt der Bleistifte mag am Anfang verwirrend scheinen, aber mit etwas Geduld und Experimentierfreude sollte es leicht fallen, einen Bleistift zu finden, mit dem Sie zufrieden sind.

◄ Graphit- oder „Blei"-Stifte

Graphitstifte (die gewöhnlichen „Blei"-stifte) gibt es in verschiedenen Abstufungen von ganz hart bis ganz weich. Die harten Bleistifte reichen von 6H (dem härtesten, mit mehr Ton als Graphit in der Mine) bis H (dem weichesten der harten Stifte). Ähnlich gehen die weichen Stifte von 6B (dem weichesten) bis B. Die Mittelqualität HB dient als Vielzweckstift. Härtere Bleistifte erzielen klarere, aber schwächere Linien, sie verschmieren wenig und müssen seltener gespitzt werden als weiche Stifte. Die weicheren Bleistifte erzeugen unschärfere, aber dunklere Linien, verschmieren leichter (umso mehr, je weicher sie sind) und werden leicht stumpf. Die meisten Cartoonisten benutzen Bleistifte der Härtegrade 2H bis 2B.

Der letzte Bleistift im Graphitbereich ist ein „F"-Stift. Seine Härte entspricht der eines HB-Stifts. Er hat aber den Vorteil, wasserlöslich zu sein, weshalb er sich ideal für Vorzeichnungen von Aquarellen eignet.

▼ Nichtreproduzierendes Blau

Immer mehr Karikaturisten und Comiczeichner fertigen die Vorzeichnung mit nichtreproduzierendem Blaustift an. Er hat eine blaue Mine, deren Farbton von Reprokameras oder Fotokopierern nicht reproduziert wird. Das erspart dem Zeichner mühsames, zeitraubendes Radieren. Von Nachteil ist jedoch, dass manche dieser Stifte sehr wachshaltig sind, sodass sich Fehler kaum ausradieren lassen und es schwierig ist, sie mit Tusche zu überzeichnen. Welcher Blaustift Ihnen am besten zusagt, ist Geschmackssache. Achten Sie aber darauf, dass er mit „non repro" oder „non foto" gekennzeichnet ist, weil normale Blaustifte sich dafür nicht eignen.

BLEISTIFTE MISCHEN

Manche Cartoonisten entwerfen ihre Zeichnungen mit Blaustift und überarbeiten sie dann mit normalem Bleistift. Wie auch immer Sie Ihre Vorzeichnung machen, versuchen Sie möglichst schwach aufzudrücken, damit Sie Fehler möglichst leicht korrigieren können. Pressen Sie Ihre Striche nicht zu tief ins Papier. Sie lassen sich sonst nur schwer entfernen und die Reprokamera kann sie als (vermeintliche) Striche wiedergeben.

Vorzeichnen macht Spaß, aber Bleistiftstriche nach dem Tuschen wegzuradieren ist mühsam.

SIEHE AUCH

Radieren und Korrigieren **98**

Blaukopien **106**

Reprografie **148**

▲ Andere Stifte

Im Lauf der Jahre haben viele Zeichner auch andere Stifte ausprobiert, etwa Zeichenkohle, Pastell- oder Farbstift. Die Mehrheit der Zeichner schwört hingegen auf die normalen Bleistifte oder auf nichtreproduzierende Blaustifte.

► Drehbleistifte

Drehbleistifte gibt es mit Graphitminen (aller Härtegrade) und mit nichtreproduzierendem Blau. Ihr Vorteil ist, dass sie nicht mehr gespitzt werden müssen.

Und nun Sie ...

- Kaufen Sie ein gutes Bleistiftsortiment sowie Kohlestifte und probieren Sie aus, welche Striche diese ergeben. Wie würden Sie die Striche mit Tusche überzeichnen?
- Nichtrepro-Blaustifte werden immer häufiger verwendet. Versuchen Sie einmal Ihre Vorzeichnung statt mit Bleistift mit Blaustift zu machen.
- Drücken Sie beim Zeichnen nicht zu fest auf. Was ansonsten passiert, sehen Sie, wenn Sie einmal probeweise mit großem Druck zeichnen und dann radieren oder fotokopieren.

BLEISTIFTLINIEN

Es gibt viele unterschiedliche Bleistifte, daher ist es gut zu wissen, was für unterschiedliche Linien sie erzeugen. Dieses Wissen erleichtert es Ihnen, den richtigen Stift für Ihre Arbeit zu wählen.

Ein 2B-Bleistift ist ein Allzweckstift, der dicke, dunkle Linien ergibt.

Soll der Strich in der Breite variieren, sind Stifte mit eckiger statt runder Spitze hilfreich. Es gibt sie in Geschäften für Zeichenbedarf oder in Baumärkten (Zimmermannsstift).

Einen wasserlöslichen Pastell- oder „F"-Stift verwenden Sie, um Graulasuren zu erzeugen.

Ein Kohlestift ist eine Spezialangelegenheit. Er ist tiefscharz und lässt die Struktur des Papiers erkennen.

Nicht reproduzierendes Blau eignet sich für den bequemen Zeichner! Da es in der Reprokamera unsichtbar wird, entfällt das Radieren.

Wenn Sie ungern radieren, versuchen Sie es doch mal mit Blaustift!

Tusche

Das Tuschen einer Zeichnung zum Nachziehen von Bleistiftlinien, zur Ausarbeitung und Schattierung muss sein, damit ein Cartoon druckreif wird. Bei den hochauflösenden Scannern von heute ist das vielleicht nicht mehr so notwendig wie früher, aber oft beginnt ein Cartoon erst richtig zu leben, wenn der Zeichner ihn tuscht. Doch welche Tusche eignet sich am besten? Oder genügt normale Tinte?

Wenn Sie Tusche nicht gerade für eine Lasur benötigen, sollte sie wasserfest und lichtecht sein, damit sie nicht bei Tageslicht verblasst und nicht verschmiert, wenn Wasser über sie geschüttet wird. In aller Regel ist das bei Zeichentusche der Fall. Sie eignet sich für Karikaturisten und Comiczeichner, weil sie großflächig tiefschwarz bleibt und mit verschiedenen Zeichenwerkzeugen wie Pinseln, Federn usw. verwendet werden kann.

Es gibt viele Arten von Zeichentusche. Am weitesten verbreitet sind Higgins, Pelikan, Rotring, und Winsor & Newton. All diese Tuschen weisen eine gute Qualität auf. Achten Sie jedoch darauf, dass sie auch wirklich wasserfest sind.

Es ist wichtig, wo Sie die Tusche an ihrem Arbeitsplatz deponieren. Wenn Sie an einem schräg gestellten Zeichenbrett arbeiten, sollten Sie sie nicht daran befestigen. Stellen Sie lieber ein kleines Tischchen neben sich auf.

◄▼Tusche flüssig halten

Tusche entsteht, indem Pigmentpartikel in einer Flüssigkeit gelöst werden. Flocken die Pigmente aus, klumpen sie zusammen oder setzen sich ab. Um das zu vermeiden, sollte die Tusche vor jeder Verwendung gründlich geschüttelt werden. Wenn die Tusche eine Zeit lang nicht benutzt wurde oder offen stehen geblieben ist, dann versuchen Sie sie mit einem Strohhalm, Zahnstocher oder Ähnlichem aufzurühren. Sie können sie auch mit ein paar Tropfen Ammoniak oder destilliertem Wasser verdünnen.

Tusche ist Geschmackssache. Die meisten Zeichner jedoch bevorzugen tiefschwarze Tusche.

◄Tuscheflaschen

Manche Hersteller bieten Tusche in Flaschen an, die die Benutzung erschweren. Wenn etwa die Flasche einen langen Hals hat, sehen Sie nicht, auf welcher Höhe sich die Tusche in der Flasche befindet, und bekommen entweder keine oder zu viel Tusche auf Feder oder Pinsel. Eine gute Lösung ist eine Tuscheflasche mit kleinem oder keinem Hals (und Schraubverschluss).

SIEHE AUCH
Der Arbeitsplatz **16**
Das richtige Werkzeug **20**
Federn und Marker **90**

EINE LASUR MISCHEN

Um eine Tuschelasur herzustellen (eine graue Flüssigkeit, mit der man Flächen einen Tonwert verleiht), muss man die Tusche verdünnen. Üblicherweise mischt man ein Teil Tusche mit zwei Teilen Wasser. Je nach gewünschtem Ton sind auch andere Mischungsverhältnisse möglich. Hier zahlt sich Herumprobieren aus. Wasserfeste Tusche mischt sich natürlich nicht so einfach mit Wasser. Benutzen Sie besser wasserlösliche Tusche, wie man sie für Kalligrafie verwendet.

FIXIEREN

Fixieren Sie getusche Zeichnungen mit Fixativ oder Haarspray, nachdem sie getrocknet sind, um sie vor Wasserflecken zu schützen.

Higgins Black Magic -
eine Tusche, die viele Cartoonisten benutzen.

PFLEGE VON PINSELN UND FEDERN

Vergessen Sie nie, ihre Pinsel zu reinigen. Tusche ist ein Pinselkiller. Sie kann auch die Lebensdauer von Federn verkürzen.

Benutzen Sie zum Säubern eines Pinsels kaltes Wasser (warmes Wasser kann den Leim lösen, der die Haare in der Metallhalterung am Griff zusammenhält) und eine milde Seife. Säubern sie den Pinsel bis zum Ansatz und trocknen Sie das überschüssige Wasser mit Küchentuch ab.

Streifen Sie das Wasser ab, als würden Sie mit dem Pinsel zeichnen. Wenn der Pinsel gereinigt ist, sollten die Haare eine Spitze formen. Tun sie das nicht, nehmen Sie die Pinselhaare in den Mund und formen Sie die Spitze mit geschürzten Lippen beim Herausziehen.

Und nun Sie ...

- Besorgen Sie sich zum Ausprobieren verschiedene Sorten Tusche. Mischen Sie sie aber nicht, denn jede Firma stellt ihre Tusche nach einem anderen Rezept her.
- Benutzen Sie Tusche mit unterschiedlichen Pinseln und sehen Sie, welche Wirkungen Sie damit erzielen. Denken Sie daran, für den Farbauftrag andere Pinsel zu verwenden als für die Tuschzeichnungen. Tuscheteilchen, die selbst nach der besten Reinigung im Pinsel bleiben, könnten sich lösen und sich mit den Farben vermischen.

Bewahren Sie Pinsel mit den Haaren nach oben auf und stecken Sie die Schutzhülle darauf, die Sie beim Kauf erhalten.

Federn sollten nach Gebrauch gründlich mit Wasser und Seife gereinigt und getrocknet werden. Oder kratzen Sie die getrocknete Tusche mit einer Rasierklinge ab.

Federn und Marker

Wenn Sie Ihre Tuschzeichnung mit Federn oder einem Marker anfertigen, sollten Sie sich der unterschiedlichen Wirkungen dieser Werkzeuge bewusst sein. Je nach Arbeitsweise ist es Ihnen vielleicht lieber, immer die gleiche Federtype zu verwenden oder aber verschiedene Zeichenmaterialien zu mischen. Federn sind steifer als Pinsel, aber mit etwas Übung können Sie mit einer Feder ähnlich schwungvoll und ästhetisch ansprechend arbeiten wie mit einem beliebigen Pinsel.

Halten Sie die Federspitzen sauber, denn das erhöht deren Lebensdauer.

Viele Zeichner verwenden für Tuschzeichnungen einen **Federhalter** mit Stahlfeder. Der Vorteil ist, dass man mit nur einer Feder unterschiedlich breite Striche erzeugen kann. Das Zeichnen mit dem Federhalter erfordert etwas Geduld und Übung, aber es gibt einige Tricks, die Ihnen den Einstieg erleichtern. Wenn Sie eine Feder erstmals benutzen, tauchen Sie sie einige Sekunden lang in kochendes Wasser oder halten Sie sie kurz in eine Zündholzflamme. Das entfernt die Versiegelung von der Feder und erleichtert die Arbeit mit ihr. Ziehen Sie beim Tuschen die Feder immer auf sich zu, zeichnen Sie nie von sich weg. Machen Sie nach dem Eintauchen der Feder immer einen Teststrich und streichen Sie überschüssige Tusche ab. Kontrollieren Sie nach jedem Strich, ob die Feder Papierfasern aufgenommen hat und wischen Sie Tuschereste vor erneutem Eintauchen ab.

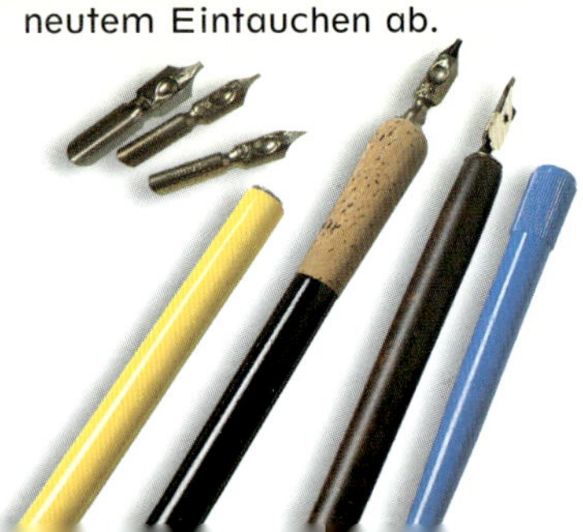

Selbst ein normaler **Füller** kann beim Cartooning nützlich sein. Die Feder gibt ein wenig nach, und so lange Sie Füllertinte und keine Zeichentusche verwenden, lässt sich der Füller leicht handhaben, da die Tinte nicht klumpt. Einige Cartoonisten verwenden Füller für alles, während andere sie nur für das Lettering einsetzen. Zu den Zeichnern, die dafür bekannt sind, nur mit Füller zu arbeiten, zählen der amerikanische Cartoonist Jules Feiffer und der britische Cartoonist Mel Calman.

Tuschefüller oder Stylographen – am bekanntesten sind der Rapidograph und der Isograph – haben als Spitze ein dünnes Röhrchen mit einer exakten Breite. In diesem Röhrchen steckt ein dünner, mit einem Gewicht versehener Draht, der verhindert, dass Tusche ausläuft, wenn die Spitze kein Papier oder keine Folie berührt. Ursprünglich wurden die Tuschefüller für technische Zeichner und Architekten entwickelt, aber manche Cartoonisten verwenden sie für Bildränder, während andere praktisch alles damit zeichnen. Mit diesen Tuschefüllern muss man sorgfältig umgehen, da die Tusche leicht verklebt. So sollten sie häufig gereinigt und die Tusche regelmäßig erneuert werden. Man kann mit ihnen keine unterschiedliche Strichbreite erzielen, außer man zeichnet einzelne Linien mehrfach.

SIEHE AUCH

Der Arbeitsplatz **16**

Das richtige Werkzeug **20**

Papiersorten **84**

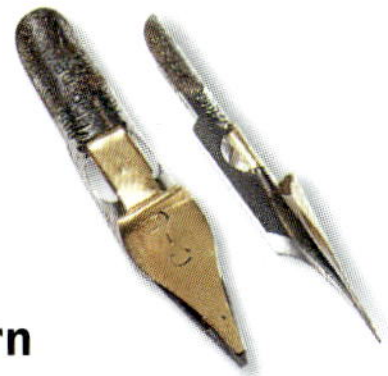

▶ Zeichenfedern

Es gibt viele Hersteller von Zeichenfedern. Cartoonisten arbeiten bevorzugt mit Federn von Hunt oder Gillott. Die Spitzen können nach verschiedenen Kategorien eingeteilt werden (siehe rechts).

Es gibt Federn mit aufgestecktem Tuschereservoir, mit denen man nach dem Eintauchen in Tusche länger in einem Zug arbeiten kann. Sie besitzen normalerweise runde oder stumpfe Spitzen und werden gern für das Lettering verwendet. Die besten und am weitesten verbreiteten Federn dieses Typs sind die Speedball-Federn von Hunt.

Crowquills sind die kleinsten Zeichenfedern, für die man einen Spezialhalter benötigt. Zeichner die damit arbeiten, bevorzugen die Hunt 102 (ihr ähnelt die Brause 513), die flexibel und relativ haltbar ist.

Bei Kartenzeichen- oder Reißfedern handelt es sich um normale, spitze Federn für Alltags-Tuschaufgaben. Sie sind ebenfalls flexibel, brauchen aber mehr Zeit zum „Einarbeiten" als eine Crowquill. Die Gillott 170 und 290 sind zwei gute Beispiele für diesen Federntyp.

Marker und Faserstifte werden wegen der leichten Anwendung und Flexibilität immer öfter von Cartoonisten benutzt. Es gibt sie mit den unterschiedlichsten Spitzen und Strichbreiten von rund bis flach und in den verschiedensten Farben. Sie müssen ein wenig herumprobieren, bis Sie Ihren Lieblingsmarker finden. Aber Vorsicht: Markerfarben verblassen oft in der Sonne und werden dann braun oder lila. Sie verschmieren vielleicht und können teurer als ein guter Satz Pinsel und Federn sein. Testen Sie die Stifte immer im Laden, indem Sie eine Linie zeichnen und dann mit dem (feuchten)Daumen darüber wischen. Vorsicht ist an-gebracht, wenn Sie in einem unbelüfteten Raum mit Markern auf Lösungsmittelbasis arbeiten, da die Ausdünstungen giftig sind.

Eine ziemlich neue Entwicklung ist der **Brushpen**. Es gibt ihn als Einweggerät oder mit der Möglichkeit Farbe nachzufüllen. Ein Brushpen hat eine Pinselspitze aus Nylonfasern. Mit diesen Pens kann man hervorragend lernen, wie man mit einem Pinsel umgeht, ohne ihn ständig eintauchen und säubern zu müssen. Dass sie billiger sind als hochwertige Pinsel bedeutet auch, dass sie sich gut zum Experimentieren und Skizzieren eignen. Natürlich nutzen sich die Spitzen allmählich ab. Wenn Sie sie also für mehr als das reine Skizzieren verwenden, können sie sich auf lange Sicht als teuer erweisen.

Und nun Sie ...

- Federn sind nicht immer zuverlässig. Bedenken Sie, dass etwa jede fünfte Federspitze, die Sie kaufen, nichts taugen kann. Wenn Ihr Schreibwarenladen es gestattet, sollten Sie sie vor dem Kauf ausprobieren.
- Marker können bei Sonnenlicht verblassen, also bewahren Sie sie lichtgeschützt auf.
- Marker auf Lösungsmittelbasis sind haltbarer als wasserlösliche. Daher sollten Sie eher zu ihnen greifen.
- Machen Sie mit Federn nach dem Eintauchen in Tusche immer einige Teststriche, um Kleckse zu vermeiden.
- Halten Sie ein Tuch bereit, um überschüssige Tusche von einer Feder abzuwischen; es ist auch bei verschütteter Tusche hilfreich. Verwenden Sie keinen Küchenkrepp, weil sich Papierfasern im Spalt der Feder verfangen können.

Schraffieren und Tüpfeln

Schraffieren und Tüpfeln sind zwei wertvolle Methoden, mit denen Sie in Ihren Zeichnungen Grauwerte erzeugen können. Es ist wichtig, diese Techniken zu erlernen und sie von Anfang an richtig einzusetzen. Dabei sollte jeder Strich und jeder Punkt etwas bedeuten. Das heißt, jeder Strich, den Sie aufs Papier setzen, sollte seine Berechtigung haben und nicht nur schön sein oder eine freie Fläche füllen.

► Konturen

Kreuzschraffuren, die den Linien Ihrer Zeichnung folgen, sind eine höchst effiziente Methode, um Schatten, Muskelformen oder Kleiderfalten zu zeigen.

SCHRAFFUREN

Die Grundform der Schraffur ist die **Flachschraffur.** Sie entsteht, wenn Sie mit der Feder parallele Striche in die gleiche Richtung ausführen. Diese Form der Schraffur eignet sich dazu, einen Helligkeitsunterschied herauszuarbeiten.

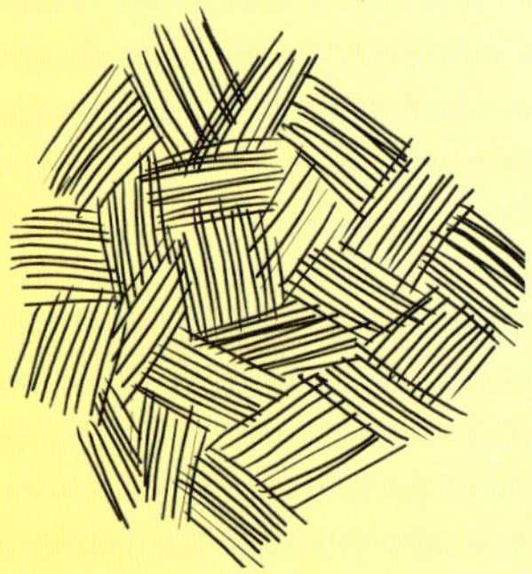

Die **Diagonalschraffur** wird ebenfalls mit Parallelstrichen erzeugt, allerdings ändert sich die Richtung der Striche von Gruppe zu Gruppe. Wie bei jeder Schraffur sollte man beachten, dass die Linien gezielt gezeichnet werden und nicht nur so, als wolle man skizzieren.

Die **Kreuzlinienschraffur** ist der nächste Schritt. Sie besteht aus zwei sich senkrecht kreuzenden, übereinander gezeichneten Schraffuren. Wenn man sie mit der Flachschraffur kombiniert, ergeben sich sehr aparte tonale Differenzierungen.

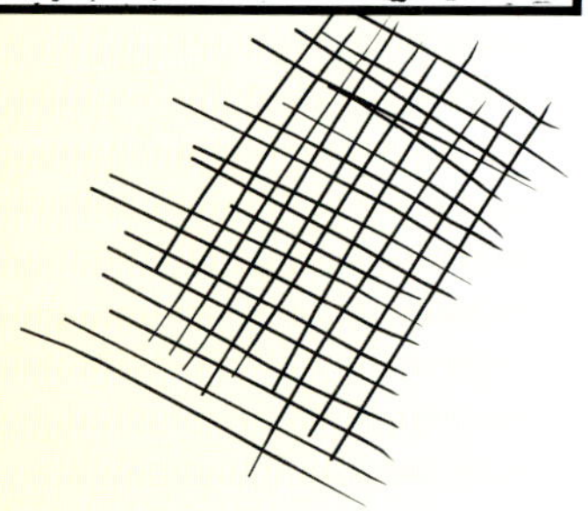

Die **Diagonale Kreuzschraffur** wird wie die normale Kreuzlinienschraffur ausgeführt, kann aber in mehr als zwei Lagen und nicht nur im rechten Winkel erzeugt werden, sodass sich Farbschattierungen ergeben, die bis ins Schwarz gehen.

SIEHE AUCH
Hintergrund **62**
Zeichnen nach Vorlagen **80**
Federn und Marker **90**

Tüpfeln unterscheidet sich vom Schraffieren dadurch, dass die mit Feder oder Pinsel erzeugten Striche eher Punkten ähneln. Beim Tüpfeln kann also nicht nur mit Punkten, sondern auch mit ganz kurzen Strichen gearbeitet werden.

Lockeres Tüpfeln ist eine Möglichkeit, einen Tonwert grob anzudeuten. Auch wenn es mit unregelmäßigen Strichen und Punkten erzeugt wird, bedarf es einer gewissen Sorgfalt und Kontrolle, sonst wirkt das Resultat nur wie willkürlich aufs Papier gesetzt.

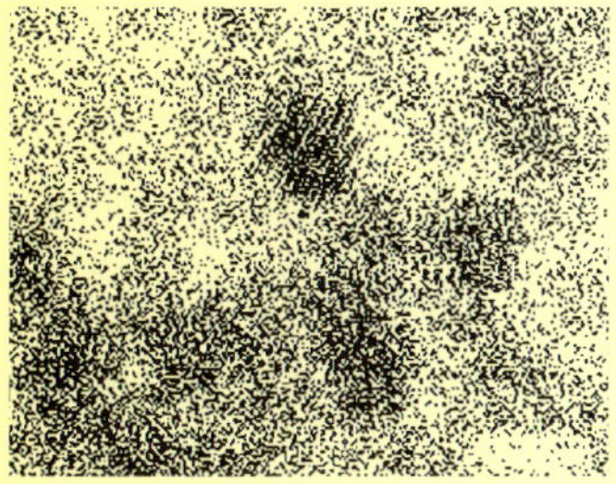

Dichtes Tüpfeln ähnelt der Zeichentechnik des Pointillismus, der im 19. Jahrhundert vom französischen Künstler Georges Seurat eingeführt wurde. Dicht nebeneinander gesetzte Punktgruppen erzeugen im Bild Tonwerte und Schattierungen. Heute ist der bekannteste Verfechter dieser Technik der amerikanische Cartoonist Drew Freidman, der seine Cartoons sorgfältig aus vielen Punkten herstellt.

◄ Tüpfeln in Aktion

Am Beispiel der Arbeit von Drew Freidman lässt sich gut erkennen, dass man beim Tüpfeln scheinbar fotografische oder gemalte Tonwerte nur mit Feder und Tusche erzeugt. Bei meisterhafter Verwendung dieser Technik erzielt man Ergebnisse, die dem Original nahe kommen und sehr lebensecht wirken.

Mit Schraffieren oder Tüpfeln geben Sie Ihrer Zeichnung Grauwerte.

Und nun Sie ...

- Üben Sie das Schraffieren. Je öfter Sie es machen, desto besser werden Sie.
- Schauen Sie, wie andere Zeichner schraffieren und ahmen Sie sie nach.
- Üben Sie Schraffuren mit unterschiedlichen Federn.
- Versuchen Sie mit verschiedenfarbigen Markern zu tüpfeln, um eine konturierte Obefläche mit tonalen Unterschieden zu erzeugen.
- Versuchen Sie Schraffur und Tüpfeln zu kombinieren, z. B. indem Sie die Figuren schraffieren und den Hintergrund tüpfeln.

Pinselzeichnung

Es gibt einen Grund dafür, weshalb die besten Cartoonisten die Tuschefassung ihrer Zeichnung mit dem Pinsel machen: Er ist das vielseitigste Werkzeug des Zeichners. Man kann mit ihm gleichermaßen feine Linien als auch große schwarze Flächen gestalten. Jemand, der mit seinen Besonderheiten gut umzugehen weiß, verfügt mit ihm über eine unvergleichliche Möglichkeit, seinen Zeichnungen Leben einzuhauchen.

Viele Zeichner, speziell Anfänger, scheuen den Pinsel, weil er sich nicht so leicht handhaben lässt wie eine Feder. Um gut mit dem Pinsel umgehen zu können, braucht man viel Geduld und Übung. Pinsel gibt es genau wie Federn in vielen Größen und Typen. Die meisten Cartoonisten benutzen Pinsel aus Rotmarderhaar, viele aber auch Pinsel aus Nylonfasern. Marderhaarpinsel sind für die Arbeit mit Wasserfarben und Ölpigmenten gemacht, eignen sich aber ebenso für Tusche. Sie sind teurer als Nylonpinsel, aber wenn man sie richtig pflegt, halten sie sehr lange (siehe Seite 88–89). Nylonpinsel sind auch gut, aber nicht mit Marderpinseln zu vergleichen, da sie nicht so vielfältige Linien erzeugen, wie sie besonders mit Marderpinseln gelingen.

PINSELSTRICHE

Hier sehen wir verschiedene Linien, die mit Marderhaarpinseln verschiedener Stärke angefertigt wurden. Die meisten Cartoonisten benutzen gewöhnlich einen Pinsel der Stärke Nr. 2, was vielleicht auf den ersten Blick etwas groß erscheint. Und dennoch bringt ein Pinsel der Stärke 2 erstaunlich viele verschiedene Linien zuwege.

Das Tuschen großer schattiger oder schwarzer Flächen erfordert hohe Konzentration und einen dicken Pinsel. Denken Sie sich nichts dabei, wenn Ihre schwarzen Flächen nicht völlig gleichmäßig schwarz gelingen, da die Reproduktion diese Schwankungen ausgleicht. Versuchen Sie nicht auf schwarzen Flächen zu radieren, weil sonst Ihr Schwarz leicht zu Braun wird.

Eine andere Technik, die in Ihren Cartoons sehr aparte Tonwerte erzeugt, ist die so genannte Trockenpinseltechnik. Dazu taucht man den Pinsel in die Tusche und streift ihn dann so lange ab, bis kaum noch Tusche in ihm ist. Erst dann setzt man den Pinsel zum Zeichnen ein.

Zeichnen mit dem Pinsel kann Ihren Arbeiten Form und Leben einhauchen.

SIEHE AUCH
Licht und Schatten **46**
Tusche **88**
Federn und Marker **90**
Schraffieren und Tüpfeln **92**

▶ Mort Gerberg

Manche Cartoonisten benutzen Pinsel nur, um große Flächen schwarz oder farbig einzufärben. Wenn Sie das kleine Risiko auf sich nehmen und mit einem Pinsel arbeiten wollen, werden Sie feststellen, dass dieser sich hervorragend für Strichzeichnungen eignet. Mit dem Pinsel zu arbeiten ist jedoch nicht einfach. Am besten hält man ihn senkrecht zum Papier und kontrolliert mit der Hand, wie stark die Spitze in Kontakt mit dem Papier kommt (was Variationen dünner und dicker Linien erzeugt, wie man sieht). Ziehen Sie den Pinsel nur und drehen Sie das Papier zum Tuschen.

Und nun Sie ...

- Üben Sie das Tuschen mit dem Pinsel. Dazu eignet sich besonders ein Brushpen, der im Vergleich zu einem Marderhaarpinsel relativ günstig zu kaufen ist.
- Ziehen Sie den Pinsel nie gegen den Strich übers Papier.
- Behalten Sie alte Pinsel, um damit interessante Effekte zu erzielen oder in Trockenpinseltechnik zu arbeiten.
- Testen Sie Pinsel vor dem Kauf, indem Sie sie in Wasser tauchen und ausschütteln. Spaltet sich dabei die Spitze, kaufen Sie sie besser nicht.
- Arbeiten Sie mit Schwung aus dem Handgelenk. Verkrampfen Sie aber nicht.

◀ Fiedern

Eine der Stärken der Pinselarbeit liegt darin, dass man tonale Unterschiede mit einer Technik erzielt, die man „Fiedern" nennt. Sie entspricht in etwa dem Schraffieren mit der Feder. Der Name wird von den charakteristischen, von dünn nach dick verlaufenden, federähnlichen Linien abgeleitet. Das Fiedern zeigt die Konturen eines Objekts und kann extrem wirksam unterschiedliche Lichtquellen andeuten.

Fotokopiemontage

Fotokopiemontage ist eine der ungewöhnlicheren und seltener angewandten Techniken. Sie kann sich als sehr effizient erweisen, wenn man sich mit aktuellen Themen befasst oder besondere Wirkungen erzielen möchte.

Überlegen Sie, was das **Thema** ihrer **Zeichnung** ist ...

Die Bilder für eine Fotokopiemontage können aus verschiedenen Quellen stammen. Wenn Sie eine selbst gezeichnete Karikatur ausschneiden und auf die Kopie eines Landschaftsfotos kleben, heben Sie die Figur augenblicklich hervor und geben ihr den Anschein, sie sei von ihrer Umgebung isoliert.

Sie können auch mit einem Fotokopierer interessante Effekte erzielen. Legen Sie ein Bild auf die Glasplatte und versuchen Sie es beim Ablichten zu verschieben. Je nachdem, in welche Richtung Sie schieben, erzeugen Sie unterschiedliche Effekte. Wenn Sie ein Bild mit dem Scannerlicht bewegen, entstehen lang gezogene Kopien.

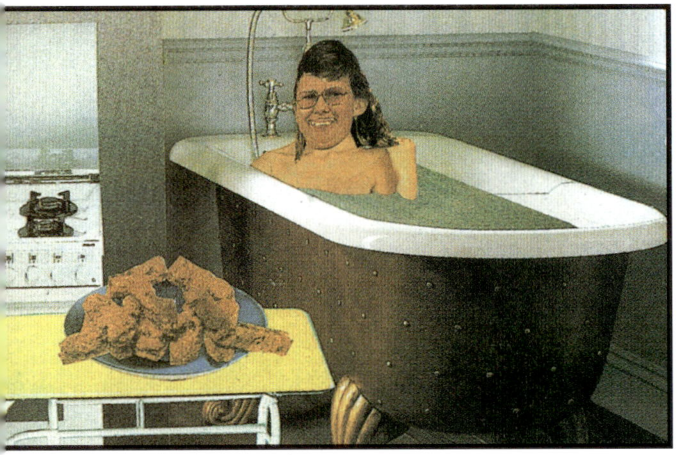

▲ Kreativ ausschneiden

Collagen aus alten Fotos können neue Cartoons ergeben, indem sie ein ganz neues Bild entstehen lassen.

► Montagevisage

Mit einem Fotokopierer und dem Passfoto einer Person, wie etwa diesem Bild von Carl Flint, kann man sogar Karikaturen erzeugen.

AUSSCHNEIDEN

1. Schneiden Sie eine Karikatur aus, die Sie selbst gezeichnet haben.

2. Platzieren Sie diese jetzt auf der Fotokopie eines Landschaftsfotos. So heben Sie die Figur augenblicklich hervor und geben ihr den Anschein, sie sei von ihrer Umgebung isoliert.

SIEHE AUCH
Vordergrund 58
Hintergrund 62
Anlegen einer Ideenbank 78
Scannen 114

◀ **Spezialeffekte**

Mit einem Fotokopierer kann man vielerlei Muster erzeugen, die sich als Hintergrund verwenden lassen.

▲ **Bilder aufkleben**

Wenn Sie eine selbst gezeichnete Karikatur ausschneiden und auf die Fotokopie eines Landschaftsfotos kleben, heben Sie die Figur augenblicklich hervor.

... und suchen Sie dann Bildmaterial, das dazu passt.

▶ **Collagen**

Diese Illustration zeigt, wie drei einzelne Elemente zu einem einzigen Bild kombiniert werden.

Die Wolken wurden einer Bildquelle entnommen.

Mann und Brücke wurden vom Zeichner angefertigt.

Der aus einer anderen Quelle stammende Mann im Vordergrund bringt das Bild ins Gleichgewicht.

Und nun Sie ...

- Planen Sie Ihre Collagen genau, bevor Sie sie kleben.
- Schieben Sie die Bildteile so lange hin und her, bis Ihnen die Bildkomposition gefällt.
- Wählen Sie Bilder aus, die zum Thema und Ihrem Stil passen.
- Sie müssen für die Collagen keine Fotos oder Bildquellen verwenden, sondern können auch eigene Zeichnungen zu einer Collage zusammenstellen.

Radieren und Korrigieren

Selbst wenn Sie noch so sorgfältig sind, werden garantiert kleine „Unfälle“ passieren. Verpatzte Linien oder verschüttete Tusche bedeuten aber nicht unbedingt, dass Sie Ihre Zeichnung wegwerfen und neu beginnen müssen. Es gibt viele Möglichkeiten, Fehler zu korrigieren. Sie können damit sogar interessante Effekte erzielen.

Die meisten Fehler lassen sich durch geschickte Vorarbeit vermeiden, etwa wenn man Bleistiftentwürfe vollständig ausarbeitet, bevor man die Tuschzeichnung beginnt. Nicht ungewöhnlich ist es, dass beim Tuschen Probleme auftreten, die eine Layoutänderung nach sich ziehen: Beispielsweise stimmt die Bildkomposition nicht mehr, zusätzliche Striche erscheinen plötzlich unnötig oder es ergießt sich eine Flüssigkeit über die Zeichnung.

Es gibt eine Vielzahl von Radier- und Reinigungsmitteln, mit denen sich Tusche wieder von einer Seite entfernen lässt, insbesondere Korrekturflüssigkeit. Die Anwendung kann sich jedoch als schwierig erweisen und einige Übung erfordern, weil zu viel Korrekturflüssigkeit die Arbeiten dauerhaft schädigen kann.

Eine einfachere Methode ist die Verwendung von flüssigem Deckweiß. Mit dieser dicken, farbähnlichen Flüssigkeit lassen sich schwarze Linien übermalen, damit sie nicht mehr reproduziert werden. Über das trockene Deckweiß kann, mit einiger Vorsicht, wieder gezeichnet werden. Wenn Sie in Farbe arbeiten, können Sie auch mit Acrylfarbe korrigieren.

ÜBERKLEBEN

Man kann Tusche von einer Seite entfernen, indem man sie mit einem Taschen- oder Zuschneidemesser abkratzt. Das Problem ist, dass das Zeichenpapier dabei aufgeraut wird und beim Überzeichnen dieser Stellen die Tusche ausblutet. Daher sollte man diese Methode nur anwenden, wenn man einen festen Zeichenkarton wie CS10 oder Bristolkarton verwendet. Eine einfache Korrekturmöglichkeit ist es, die Stelle zu überkleben. Das wirkt besonders gut, wenn große Flächen der Zeichnung beschädigt sind.

Schneiden Sie ein **Stück Papier** in der Form und Größe aus, die zum Überkleben des Fehlers erforderlich ist. Benutzen Sie einen Sprühkleber (in einem gut gelüfteten Raum) oder normalen Kleber. Wenn Sie in Schwarzweiß arbeiten, kann ein einfacher weißer **Sticker** auf der Zeichnung genügen.

Sie können auch **Deckweiß** nehmen, um unerwünschte Stellen zu entfernen. Gehen Sie auch immer mit dem Deckweiß über die Ränder von Klebestellen, damit diese beim Reprografieren unsichtbar bleiben.

Wenn Sie in Farbe arbeiten, ist es besser, die gesamte zu korrigierende Fläche passgenau neu zu zeichnen, **auszuschneiden** und über die beschädigte oder fehlerhafte Stelle zu **kleben**.

SIEHE AUCH
Der Arbeitsplatz **16**
Papiersorten **84**
Tusche **88**
Deckende Farben: Gouache und Acryl **104**

Fehler machen ist menschlich – selbst der beste Zeichner ist nicht perfekt.

◄ ▲ Kein Fehler

Mit Deckweiß kann man tolle Effekte erzielen, wenn man schwarze Flächen übermalt oder kleine Details herausarbeitet. Die über diese Figur gezeichneten weißen Linien schieben sie höchst dramatisch in den Hintergrund. Verdünntes Deckweiß lässt sich auch mit der Feder verarbeiten.

Der Trick ist, das Bild mit wenig Aufwand und ohne weiteren Schaden zu retten.

Und nun Sie ...

- Nehmen Sie sich Zeit, mit verschiedenen Techniken zu experimentieren, und finden Sie heraus, welche für Sie die einfachste ist.
- Scheuen Sie nicht davor zurück, Fehler zu machen und zu beheben. Merken Sie sich, dass sich fast jede beschädigte Zeichnung auf die eine oder andere Art retten lässt.

Sprühkleber eignet sich gut, um größere Flächen zu kleben.

Es gibt viele Radierer für unterschiedliche Zeichenmedien – Knetgummis für Kohle, normale Radierer für Bleistift und harte Radierer für Tusche.

Deckweiß ist der beste Freund des Zeichners. Es hilft nicht nur, Fehler zu beseitigen, man kann damit auch kreativ arbeiten.

► Nützliches Werkzeug

Mit Radierern und anderen Hilfsmitteln lassen sich Fehler korrigieren oder interessante Zeicheneffekte erzielen.

Farbe und Tonwert

Farbe kann Ihren Zeichnungen eine völlig neue Dimension eröffnen und Stimmungen, Gefühle sowie Ambiente vermitteln. Sie kann auch einzelne Bildelemente hervorheben und Ihre Arbeit insgesamt aufwerten – was sich durch höhere Einnahmen auszahlt!

KOLORIEREN

Im Wesentlichen unterscheidet man drei Arten von Farben: warme, kalte und neutrale Farben.

Rot, Orange und Gelb sind **warme Farben**. Mit ihrer Hilfe lassen sich Gefühle wie Wut und Verlegenheit ausdrücken oder einem Bild durch ein Lagerfeuer gemütliche Wärme verleihen.

Neutrale Farben, z.B. Violett, passen gleichermaßen gut zu warmen und kalten Farben.

Kalte Farben sind Weiß, Grün und Blau. Sie werden oft verwendet, um negative Gefühle wie Neid, Krankheit oder Angst anzudeuten.

◄ Eine Farbe sagt alles

Warme Farben benutzt man, um einzelne Bildelemente in den Vordergrund zu rücken, während kalte Farben die gegenteilige Wirkung haben. Den gleichen Effekt erzielt man mit unterschiedlichen Sättigungsgraden einer Farbe. Ein dunkler, satter Ton rückt eine Figur nach vorn, hellere Töne versetzen sie nach hinten. Wie man hier sieht, lassen sich diese Regeln auch mit der engen Farbpalette von Sepiatönen brechen. Hier treten die helleren Figuren vor und drängen den dunkleren Raum in die Tiefe.

SIEHE AUCH
Ausdrucksstarke Gesichter **34**
Grafische Gewichtung **56**
Vordergrund **58**
Hintergrund **62**

◀ **Morgendämmerung in New York**

Diese Illustration von Daniel Torres zeigt, was mit einer limitierten Palette von Orange, Violett sowie verschiedenen Blautönen möglich ist. Das warme Orange rückt die zentrale Figur in den Vordergrund, während das kühlere Blau die Gebäude in den Hintergrund treten lässt.

Denken Sie über Farbe nach, bevor Sie beginnen.

Farben lassen sich auch unterscheiden nach verwandten Farben wie Blau und Grün (zwei verwandte kalte Farben) sowie Rot und Gelb (zwei verwandte warme Farben) oder in kontrastierende Farben wie Rot und Blau oder Grün und Orange (Kontrast von Warm und Kalt).

Verwandte Farben erzeugen stimmungsvolle Bilder, etwa dunkle Wälder oder, bei Rückblenden, das Andeuten eines Zeitablaufs.

Kontrastierende Farben wirken nebeneinander bunt und knallig. Sie lassen ein Bild förmlich aus der Seite springen.

Und nun Sie ...

- Arbeiten Sie mit einer begrenzten Palette von ein oder zwei Farben und üben Sie mit verschiedenen Farbtönen unterschiedliche Wirkungen zu erzielen.
- Wenn Sie Ihre Zeichnung planen, denken Sie über Stimmung und Ambiente nach und machen Sie vor Beginn einige Farbskizzen. Überlegen Sie bei der Wahl der Farben, welche Stimmung Sie schaffen wollen und mit welchen Farben.
- Welche Bereiche der Zeichnung wollen Sie hervorheben? Benutzen Sie warme Farben.
- Zeichnen Sie ausdrucksstarke Gesichter und färben Sie sie stimmungsgemäß ein – z. B. mit Blautönen für Traurigkeit. Kehren Sie jetzt die Farben um. Wie wirkt sich das aus?

Welche Stimmung wollen Sie schaffen?

Transparente Farben: Tusche und Wasserfarbe

In Farbe zu arbeiten ist gar nicht so schwer. Man muss dafür auch nicht perfekt in Öl malen können. Am einfachsten lässt sich eine Zeichnung kolorieren, wenn man Farbtusche oder Wasserfarben verwendet.

1. Befestigen Sie die Zeichnung vor dem Bemalen mit selbstklebenden Papierstreifen oder Kreppband auf dickem Papier.

2. Tragen Sie die Farben auf der Bleistiftzeichnung auf, erst die hellen, dann die dunkleren. Lassen Sie jede Farbe komplett trocknen, ehe Sie die nächste auftragen.

3. Lassen Sie alle Farben gründlich trocknen, ehe Sie im letzten Schritt mit der Tuschzeichnung beginnen.

Bevor Sie mit Tusche oder Wasserfarbe kolorieren, sollten Sie Ihre Zeichnung mit Klebeband oder Malerkrepp auf einem Zeichenbrett befestigen. Je mehr Feuchtigkeit Sie auf ein Blatt auftragen, desto mehr möchte sich das Papier wellen. Das Festkleben hilft das zu vermeiden, weil sich das Papier beim Trocknen glättet, indem es sich der fixierten Form anpasst.

Der Vorteil nicht deckender Farben ist, dass die ursprünglich schwarzweiß angefertigte Zeichnung nur „angemalt" werden muss. Wenn Sie keine wasserfeste Tusche benutzen, die gut getrocknet sein muss, sollten Sie die Farbe immer vor der Tuschzeichnung auftragen, damit die schwarzen Linien nicht verschmieren oder ausbluten.

Wenn Sie mit Tusche oder Wasserfarben kolorieren, arbeiten Sie von Hell nach Dunkel und lassen Sie Lichtpunkte als unkoloriertes weißes Papier stehen, da die Farbe nach dem Trocknen kaum zu entfernen ist. Nachdunkeln können Sie während der Arbeit jede beliebige Stelle. Gehen Sie langsam, aber planmäßig vor und seien Sie zuversichtlich.

Farbige Tusche und Wasserfarben sind **wasserlöslich. Die Farbsättigung** jeder Farbe lässt sich **mindern,** indem man **Wasser zugibt.**

SIEHE AUCH
Farbe und Tonwert **100**
Deckende Farben: Gouache und Acryl **104**

▲ Satt getönte Landschaft

Bereits vorgemischte Tuschen bewirken eine flachere, einheitlichere Farbgebung als Wasserfarben. Man kann aber beide Materialien mischen, um unzählige Farbvarianten zu erzielen. Dieses Bild ist nur mit fertigen Farbtuschen koloriert.

Und nun Sie ...

- Experimentieren Sie mit Tusche und Wasserfarben. Welche Effekte und Stimmungen erzeugen Sie damit?
- Planen Sie genau, wie Sie vorgehen wollen. Eignet sich das Bild eher für subtile Wasserfarben oder wäre ein Effekt wie mit kräftigen Acrylfarben besser?
- Testen Sie Ihre Farbmischungen auf einem Papierstreifen, um zu sehen, wie die Farbe nach dem Trocknen wirkt. Denken Sie daran, dass es schwierig ist, Wasserfarben zu übermalen.

▼ Wählen Sie

Wasserfarben gibt es in verschiedenen Formen, sei es als Farbblöcke, als wasservermalbare Stifte oder in Tuben wie Öl- oder Gouachefarben.

Deckende Farben: Gouache und Acryl

Kontrolliert und Ton in Ton lässt sich mit Gouache- oder Acrylfarben leichter arbeiten als mit Wasserfarben oder Tusche. Sie bewirken, dass die Zeichnung solider und gewichtiger aussieht, werden oft ohne schwarze Tuschlinien verwendet und sind vielseitig.

Gouache- und Acrylfarben kommen in Tuben in den Handel. Man mischt sie mit etwas Wasser, um einen glatten, einheitlich deckenden Farbton für die Zeichnung zu erhalten. Anfangs kann das Mischen Probleme bereiten. Zu viel Wasser macht die Farbe dünn und durchsichtig wie Wasserfarbe. Zu wenig Wasser lässt Farbklumpen entstehen, die bei der Reproduktion sichtbar werden. Mit ein wenig Übung sollte es Ihnen aber bald gelingen, eine glatte Paste anzurühren. Sie können natürlich auch teurere, sofort ohne Mischen verwendbare Acrylfarben nehmen.

Fehler sind mit Gouache- und Acrylfarben leichter zu korrigieren, ...

VON DUNKEL NACH HELL

Acryl- und Gouachefarben sind genau umgekehrt wie Wasserfarben zu verwenden, da man von den dunklen zu hellen Flächen arbeitet.

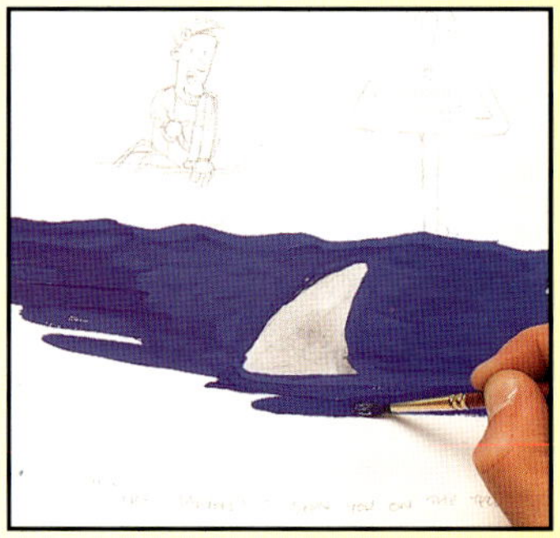

1. Legen Sie zuerst einen mittleren Farbton fest, der das Bild im Gleichgewicht hält.

2. Wenn die erste Farbschicht trocken ist, fügen Sie Schattierungen und dunklere Flächen ein.

3. Bei Gouache- und Acrylfarben werden die Glanzlichter zum Schluss aufgemalt oder eingezeichnet.

Um einen absolut deckenden Effekt zu erzielen, können Sie Farbe direkt auf der Zeichnung ausdrücken.

Für einen dünnen, aber deckenden Farbauftrag fügen Sie der Farbe in einem Schälchen Wasser zu, bevor Sie sie auf die Zeichnung auftragen.

SIEHE AUCH

Farbe und Tonwert **100**

Transparente Farben: Tusche und Wasserfarben **102**

◀Dicker Qualm

Denken Sie an die Farbbalance Ihres Bildes und wie man einheitliche Farben wirkungsvoll einsetzen kann. Verdünnte Acrylfarben lassen sich nach dem Trocknen auch mit schwarzen Linien übermalen.

... denn sie lassen sich nach dem Trocknen übermalen.

◀Wirkungsvolle Abstraktion

Andere sehr nützliche deckende Farben sind Pastellfarben, wie sie hier Lorenzo Mattotti in seinem Cartoonbuch Fires *verwendet hat. Beachten Sie, welch starke Stimmung die satten Farben erzeugen.*

Und nun Sie ...

- Mischen Sie Farben auf einem nichtporösen Untergrund, etwa einem alten Teller oder einer Farbpalette.
- Üben Sie das Mischen von Acryl- und Gouachefarben, bis die Farbe glatt und nicht mehr streifig ist.
- Mischen Sie mehr Farbe als Sie Ihrer Meinung nach brauchen. Wenn Ihnen die Farbe ausgeht, ist es nämlich sehr schwierig, wieder exakt den gleichen Farbton zu erzielen.
- Angemischte Farbe können Sie vor dem Austrocknen schützen, wenn Sie sie in einem Plastikbeutel oder einem luftdicht verschlossenen Gefäß aufbewahren.

Blaukopien

Ein Unterschied zwischen amerikanischen und europäischen Comics liegt in der traditionellen Methode der Farbgebung. In den USA wurden bis etwa 1980 (als das Computerkolorit ins Spiel kam) die Farben an einer Farbpalette ausgewählt und auf einer Kopie der Originalseite koloriert. Danach erstellte man die Farbauszüge von Hand. In Europa entwickelte man in den 1950er-Jahren eine Methode, die eine größere Farbvielfalt ermöglicht – Blaukopien. Diese verwendet man auch heute noch in den USA und Europa, obwohl sich das Computerkolorit durchsetzt.

Vittorio Leonardo, ein Kolorist des belgischen Verlags Dupuis entwickelte die Arbeit mit der Blaukopie. Vom Original wird eine Kopie der Strichzeichung auf Acetatfilm hergestellt sowie eine Blaukopie in nicht reproduzierendem Blau auf hochwertigem Offsetpapier. Beide Kopien haben Passkreuze (um sie später exakt zusammenfügen zu können) und werden dem Koloristen übergeben – oft ist das derselbe Zeichner, der auch die Zeichnungen gemacht hat. Der Kolorist färbt die Blaukopien mit Farbmedien seiner Wahl ein. Abschließend überprüft er die Wirkung, indem er den Strich- oder Konturfilm über sein Kolorit legt. Ist alles zur Zufriedenheit ausgefallen, werden in der Reproanstalt Farbauszüge vom Kolorit erstellt.

KOLORIT AUF BLAUKOPIEN

Hier sehen wir die zwei Kopien der Originalzeichnung: die Blaukopie zum Kolorieren und die Schwarzkopie der Strichzeichnung auf Acetatfilm.

Der Kolorist arbeitet auf der Blaukopie der Zeichnung mit verschiedenen Farbmedien: Wasserfarben, Gouache, Tusche, Eilasurfarben oder Acryl.

SIEHE AUCH

Farbe und Tonwert **100**

Alternative Materialien und Bildaufbau **108**

Reprografie **148**

REGISTERFEHLER

Hier sehen wir, was passiert, wenn beim Druck das Register nicht gehalten wird und sich der Druck der Schwarzkontur gegen den Druck der Farben verschiebt. Eine hässliche Sache!

Blaukopien eignen sich hervorragend dazu, **Zeichnungen zu kolorieren,** damit diese im Druck **originalgetreu wirken.**

Und nun Sie ...

- Mit einem guten Fotokopierer, hochwertigem Papier und Acetatfolie (aus dem Schreibwarenladen) können Sie Ihre eigene Blaukopie erzeugen. Das genügt zum Üben, reicht aber natürlich für professionelle Zwecke nicht aus.
- Die meisten guten Drucker können Ihnen Blaukopien anfertigen, wenn Sie sie für Ihr Portfolio haben wollen. Es ist sinnvoller, eine Druckerei im Branchenverzeichnis zu suchen, als zum nächsten Sofortdruckladen zu gehen.
- Wenn Sie Ihre eigenen Blaukopien machen, vergessen Sie nicht die Passkreuze, die es ermöglichen, Zeichnung und Farbe exakt auszurichten. Im einfachsten Fall können Passkreuze schlichte, auf den Rand der Zeichnung gemachte Kreuze sein.

◄ Farbausrichtung

In der Reproanstalt werden der Acetatfilm mit der Strichzeichnung sowie die kolorierte Farbkopie mit Hilfe der Passmarken ausgerichtet und mit einer Reprokamera abgelichtet, um die Druckfilme zu erstellen.

Alternative Materialien und Bildaufbau

Natürlich können Sie Ihr Zeichenmaterial völlig frei nach Lust und Laune wählen. Es gibt keinerlei Konventionen, die Sie auf Pinsel, Tusche und Acrylfarben beschränken. Nur Ihre Fantasie setzt Ihnen Grenzen bei der Auswahl.

Vielleicht möchten Sie Rasterklebefolien mit Punkt- oder Strichmustern verwenden, um in Ihren Zeichnungen Grautöne zu erzeugen. Diese Folien, die als Letratone, Zipatone oder Benday-Muster bekannt sind, werden in gut sortierten Künstlerbedarfsgeschäften angeboten. Es gibt sie mit Punkt- und Linienmustern, aber auch mit „esoterischeren" Symbolen, wie Blättern oder Knochen. Aber Vorsicht: Rasterfolien sind teuer und können viel Ärger verursachen. Beachten Sie auch, dass manche Muster gedruckt wie grauer Brei aussehen. Fragen Sie den Händler, welche Größen optimal für den Druck sind. Oder nutzen Sie die moderne Technik eines Computer-Malprogramms.

Mittels Airbrush kann der Cartoonist tonale Flächen in seine Zeichnungen einbringen, egal ob er in Schwarzweiß oder Farbe arbeitet. Für diese Technik spricht, dass die Zeichnungen dadurch professionell aussehen und manche Spezialeffekte im Handumdrehen bewerkstelligt werden. Dagegen sprechen die Kosten (Airbrushgeräte und die für sie erforderlichen Kompressoren sind nicht gerade billig), die Notwendigkeit eines gut belüfteten Arbeitsplatzes (um den Farbspray nicht einzuatmen) sowie die erforderliche Übung. Wenn Sie jedoch Zeit und Geld haben, den Umgang mit dem Airbrush zu lernen, öffnet Ihnen das viele kreative Türen.

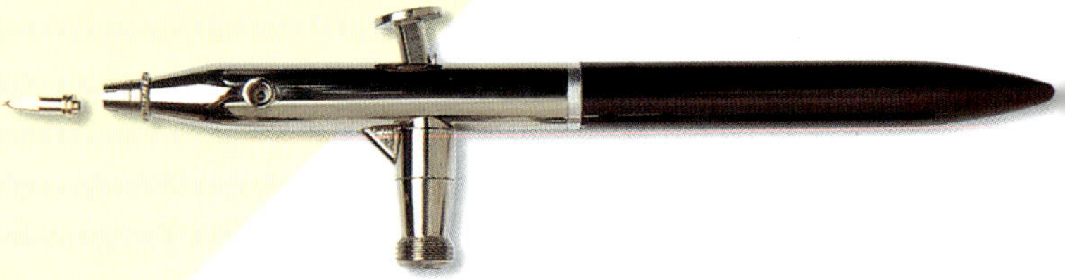

◄ ► Kompressor und Airbrush

Bei Airbrushgeräten wird ein Strom komprimierter Luft über das obere Ende eines Farbreservoirs geleitet. Das bewirkt einen Zerstäubereffekt und verteilt die Farbpigmente in einem feinen Nebel auf der Zeichenoberfläche

Mit anderen Methoden entdecken Sie weitere Spektren Ihrer Kreativität.

RASTERFOLIEN ANWENDEN

Legen Sie die Rasterklebefolie auf das Original, ziehen Sie die ausgeschnittene Stelle von der Schutzfolie ab und platzieren Sie sie auf der Fläche, die Sie tönen wollen.

MIT DER ZEICHNUNG VERBINDEN

Schneiden Sie überstehende Teile ab und verbinden Sie sie mit Ihrer Zeichnung, indem Sie sie mit einem Anreibestab oder der Unterseite eines Löffels andrücken.

SIEHE AUCH
Das richtige Werkzeug **20**
Federn und Marker **90**
Reprografie **148**

▶ Getöntes Papier

Auf getöntem oder farbigem Papier gelingen einmalige Effekte. In diesem Beispiel hat der amerikanische Cartoonist Charles Adlard schwarze Zeichenkohle und weiße Kreide auf grauem Papier aufgetragen, um die Kriegsatmosphäre in den Bergen bei Trient im Ersten Weltkrieg heraufzubeschwören.

▶ Filzstifte

Wenn Sie mit farbigen Filzstiften auf der Rückseite eines fotokopierten Originals malen, kann das eine tolle Methode des Kolorierens sein. Achten Sie darauf, dass die Farbe unter der Strichzeichnung auch wirklich durchscheint. Rian Hughes hat mit dieser Methode die gedämpften Farbtöne in seinem Werk Dare *erzeugt.*

◀ Kleckseffekte

Mit etwas so simplem wie einer in Tusche getauchten Zahnbürste kann man großartige Kleckseffekte erzielen. Man hält die Zahnbürste über die Zeichnung und fährt mit dem Finger über die Bürste.

◀ Collage

Dave McKean ist ein bedeutender Vertreter der Collagearbeit in seinen Originalen. Mit gefundenen Objekten, die er auf seine Originale klebt, ergänzt er seine Zeichnungen um Texturen und eine zusätzliche Dimension.

Und nun Sie ...

- Probieren Sie aus, wie man mit verschiedenen Alltagsgegenständen zeichnet. Von einem in Tusche eingetauchten Kamm bis hin zum abgebrannten Zündholz kann vieles Ihren Zeichnungen eine neue Dimension geben.
- Fotokopieren Sie Bilder. Sie können sie verwenden wie sie sind oder sie verzerren, indem Sie das Original beim Kopiervorgang verschieben. Sie können sogar über die Kopie darüberzeichnen.
- Fotos können als Teil des Bildaufbaus zu sehr interessanten Effekten führen und bei richtiger Anwendung sogar ein Gefühl von Wahrhaftigkeit bewirken.

6. Kapitel
Material & Methoden
Digitale Medien

Digitale Medien werden beim Cartooning immer häufiger als **kreatives Hilfsmittel** eingesetzt. Manche Zeichner, die sich dieser neuen Möglichkeit verschrieben haben, **sind ganz auf die Arbeit am Computer** eingestellt. Andere – vorsichtigere Naturen – fangen erst an, mit

Dieses dreidimensionale Modell von Matt Petch demonstriert die hervorragende Anwendung von Licht und Schatten. Es zeigt auch, wie gut sich in 3-D niedliche Figuren entwickeln lassen.

Starzeichner Rian Hughes schwört auf Computer. Er benutzt Vektorenprogramme wie Illustrator für seine erstaunlichen Zeichnungen.

digitaler Technik zu experimentieren.

Zu welchem Lager Sie letztlich auch gehören – Computer sind Zeichenwerkzeuge, die man heutzutage nicht mehr ignorieren kann und sollte.

Videospiele werden mehr und mehr von Zeichnern abhängig, die ihre Computerkenntnisse nutzen, um ihre Welten mit noch realistischeren und glaubwürdigeren Figuren zu bevölkern.

Zeichnen mit der Maus oder dem Grafiktablett

Wenn Sie zum ersten Mal mit einem Computer zeichnen, müssen Sie sich entscheiden, ob Sie die Maus als Zeichenwerkzeug verwenden oder lieber zusätzlich in ein Grafiktablett investieren wollen.

Für die meisten von uns ist der Umgang mit der Maus Routine. Wie sich die Maus bewegt, so flitzt auch der Cursor (meist in Form eines Pfeils) über den Bildschirm. Damit kann man auf Bildstellen zeigen und sie auswählen. Eine Maus hat ein oder zwei Tasten, um Objekte anzuklicken, auszuwählen oder Objekte über den Bildschirm zu ziehen. Mit einem Zeichenprogramm (etwa Photoshop oder Paint Shop Pro) kann man Linien zeichnen, Flächen füllen und Formen gestalten. Speziell bei komplizierten Bildern ist der Umgang mit der Maus problematisch, doch viele Zeichner sind sie einfach gewohnt. Andere klagen, dass sie unflexibel ist, und haben sich ein Grafiktablett zugelegt.

Ein Grafiktablett besteht aus einer glatten Zeichenoberfläche und einem Spezialstift. Er ist durch ein Kabel mit dem Computer

Ein **Grafiktablett** ist gewöhnungsbedürftig. Aber **mit etwas Übung** ziehen es viele Zeichner vor und **benutzen die Maus** in der ihr ursprünglich zugedachten Funktion – als **Zeiger.**

„MAUSARBEIT"

Mit Übung kann man ganz gut mit der Maus zu zeichnen lernen. Nehmen Sie eine normale Zeichnung, vergrößern Sie sie mit einem Fotokopierer, und fahren Sie sie mit der Maus in einem Malprogramm nach. Sie werden feststellen, dass es hilfreich sein kann, die Geschwindigkeit der Maus zu verringern. Das ist über die Schaltfläche zur Einstellung der Maus möglich.

Hier folgt der Künstler der Zeichnung mit der Maus. Beachten Sie die Größe der Zeichnung.

Die Zeichnung wird auf dem Bildschirm gezeigt. Wenn der Künstler fertig ist, kann er das Bild auf dem Bildschirm korrigieren.

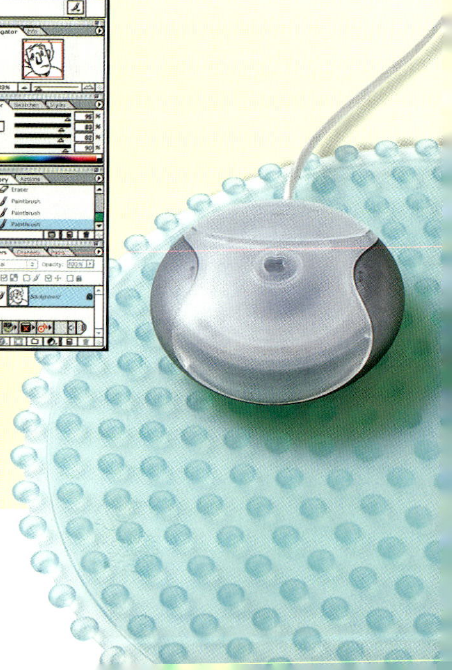

SIEHE AUCH

Das richtige Werkzeug **20**

Alternative Materialien und Bildaufbau **108**

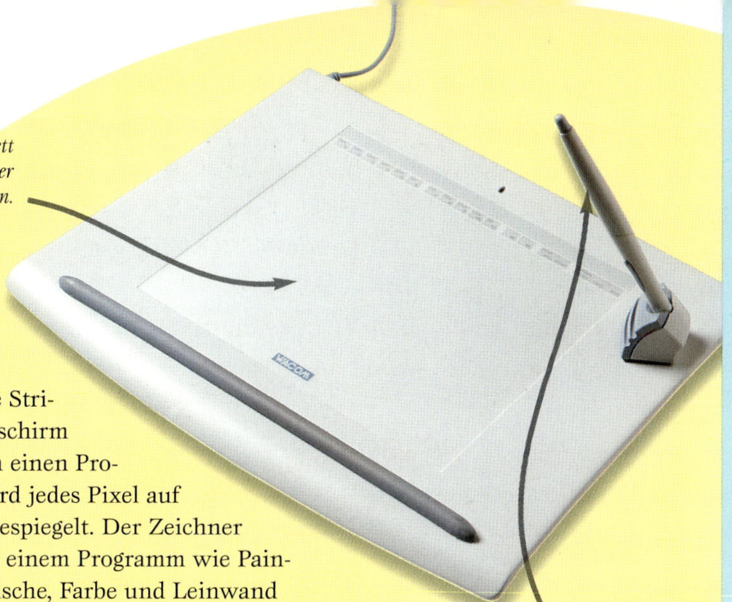

Auf das Grafiktablett kann man auch Papier legen und davon abpausen.

Der Stift gibt alle Informationen über Position, Richtung und Druck an den Computer weiter.

verbunden und kann ähnlich wie ein echter Füller oder Pinsel verwendet werden, außer dass die Striche, die Sie machen, auf dem Bildschirm statt auf Papier erscheinen. Durch einen Prozess, den man Mapping nennt, wird jedes Pixel auf dem Bildschirm auf dem Tablett gespiegelt. Der Zeichner kann ganz natürlich arbeiten. Mit einem Programm wie Painter, das natürliche Medien wie Tusche, Farbe und Leinwand repliziert, kann ein Zeichner über das Grafiktablett ähnliche Arbeit und mit weniger Aufwand verrichten, als bei Verwendung der tatsächlichen Materialien. Einziger Nachteil ist, dass ein Grafiktablett viel kostet und es schwer fällt, auf den Bildschirm zu schauen, während man auf der Zeichenplatte arbeitet.

Wenn das Grafiktablett mit einem Programm wie Photoshop oder Painter verwendet wird, stehen Ihnen fast unendlich viele Werkzeuge zur Verfügung. Durch Experimentieren werden Sie zahllose Effekte entdecken.

Sie können Einstellungen nach Bedarf ändern.

Das ist ein Testfeld, auf dem Sie das Zeichnen mit den Werkzeugen üben können.

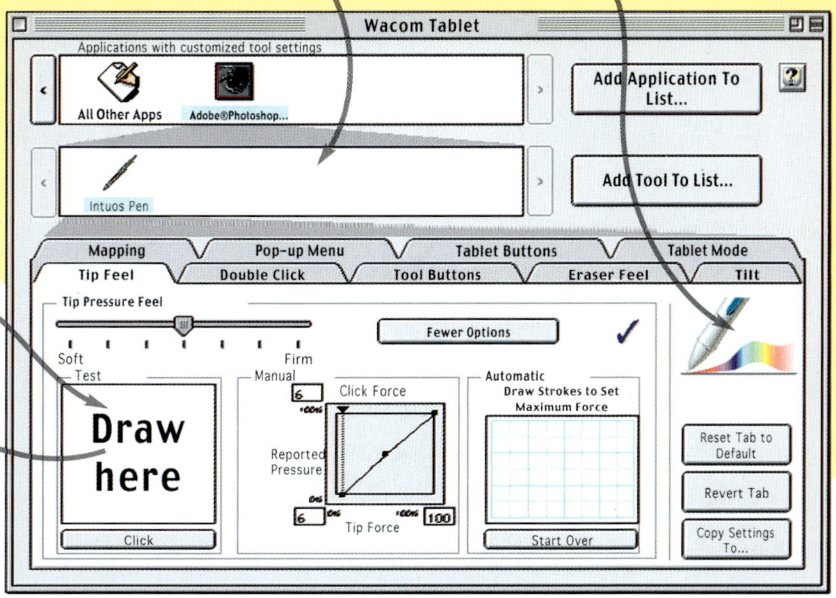

Und nun Sie ...

- Wenn Sie ein Grafiktablett benutzen, stellen Sie es so auf, dass es Ihrer Arbeitsweise entspricht.
- Experimentieren Sie mit den Einstellungen des Grafiktabletts und wenden Sie sie in einem Malprogramm an. Können Sie ...
  ... einen feinen Pinsel- oder Airbrushauftrag simulieren?
  ... durch Schrägstellung des Stifts Effekte erzielen?
- Benutzen Sie die Druckstärkenfunktion des Grafiktabletts, um realistische Kleiderfalten zu zeichnen.

◄ Softwarekontrolle

Fast jedes Grafiktablett hat eine ausgefeilte Software, die es Ihnen ermöglicht, die Variablen zu kontrollieren, etwa die Geschwindigkeit, mit der eine Linie auf dem Bildschirm aufgebaut wird. Andere Variablen sind der Druck (die meisten Tabletts ändern bei Druck die Strichbreite wie bei einem Pinsel) und der Schreibwinkel. Grafiktabletts erkennen meist, in welchem Winkel Sie den Zeichenstift halten, und passen die Linienbreite entsprechend an – das ist besonders praktisch bei der Airbrushfunktion des Programms.

Scannen

Obwohl sich ein Grafiktablett relativ einfach bedienen lässt, arbeiten die meisten Zeichner doch lieber mit Bleistift vor, tuschen dann ihre Zeichnung und scannen sie in den Computer ein, um sie am Bildschirm zu korrigieren und zu kolorieren. Selbst wenn Sie Ihre Werke nicht scannen, wird dies vermutlich Ihr Verleger tun.

Es gibt zwei Hauptarten von Scannern: die Trommelscanner, die in Reproanstalten eingesetzt werden, und die weit verbreiteten Flachbettscanner. Beide arbeiten nach einem ähnlichen Prinzip. Die Zeichnung wird von lichtempfindlichen Zellen abgetastet, die über das Bild gezogen werden (bei Scannertrommeln wird die Vorlage über die Zellen gezogen). Das geschieht in einer präzisen Reihenfolge, die davon abhängt, in welcher Auflösung das Bild gescannt wird. Die Zellen messen den Rot-, Grün- und Blauanteil der Zeichnung (oder Grautöne oder Schwarz und Weiß) und digitalisieren diese Information.

Größtes Augenmerk muss man beim Scannen auf die Bildauflösung legen. Damit ist die Anzahl der Pixel pro Zoll oder Zentimeter gemeint, in die der Scanner das Bild zerlegt. Sie wird üblicherweise in dpi (dots per inch = Punkte pro Zoll) angegeben. Je höher die Bildauflösung, desto detaillierter und (als Datei) größer fällt der Scan aus.

Sie werden selten nur durch das Scannen allein perfekte Resultate erzielen. Wahrscheinlich müssen Sie bestimmte Details korrigieren. Ein typischer Fall ist, dass das Bild geschärft oder dass die Farbbalance korrigiert werden muss. Programme wie Photoshop oder Paint Shop Pro haben mächtige Algorithmen, mit denen sich diese Aufgaben bewerkstelligen lassen.

▲ Farbmodus und Auflösung

Normalerweise werden Strichzeichnungen wie Cartoons mit 800 bis 1200 dpi gescannt. Das bläst zwar die Datei auf, verhindert aber zugleich, dass sie im Druck gepixelt aussieht (d.h. wie lauter nebeneinander gesetzte Quadrate). Farbige Zeichnungen werden geringer aufgelöst, normalerweise mit 300 dpi.

FARBMODI

Jeder Scanner kann in verschiedenen Farbmodi scannen, in der Regel sind das Schwarzweiß (oder Strichzeichnung), Graustufen sowie RGB (oder Farbe). Wie bei der Auflösung ergibt der jeweils komplexere Farbmodus (Farbtiefe) beim Scannen eines Farbbilds eine größere Datei, da pro Pixel mehr Informationen verarbeitet werden als in einer Strichzeichnung.

SIEHE AUCH

Mal- oder Bitmap-Programme 118

Bildbearbeitung 122

Digitale Dateien speichern 124

Scanner mit Deckel, der unerwünschten Lichteinfall abblockt.

Je höher die Auflösung beim Scannen, umso detaillierter das Bild – aber umso größer auch die Datei.

▶ Scanner-Software

Die Software von Scannern unterscheidet sich von Hersteller zu Hersteller. Jedoch steht hinter jedem Programm die gleiche Prämisse. Oft scannt man aus einem anderen Programm wie Photoshop heraus, das mit einem Plug-in den Scanner steuert. Ist die Zeichnung auf den Scanner gelegt, wird zunächst ein Vorschau-Scan gemacht, dann wählt man Farbtiefe und Auflösung, markiert den zu scannenden Bildbereich und lässt diesen schließlich abscannen.

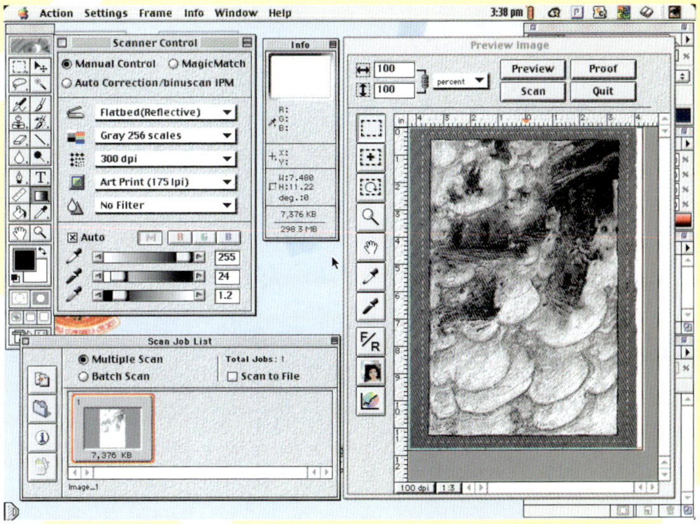

◀ Bitmaps in Vektoren verwandeln

Der Vorteil eines Vektorenbildes gegenüber einem gescannten Bild liegt darin, dass man es ohne Schärfeverlust in jede Größe verwandeln kann. Obwohl es nicht immer notwendig ist, kann es sein, dass Sie das bei einer bestimmten Arbeit gern so hätten (beispielsweise, wenn Sie einen Cartoon für eine Ausstellung auf ein größeres Format bringen wollen). Für diesen Zweck wird oft ein Programm wie Streamline angewendet.

Und nun Sie ...

Es gibt eine einfache Möglichkeit, hochauflösende Scans von einem Scanner zu erhalten, der die gewünschte Auflösung eigentlich nicht hat:

1 Scannen Sie das Bild in der höchstmöglichen Scannereinstellung, aber im Graustufen-Modus (z. B. 600 dpi unter Photoshop).

2 Verändern Sie das Bild mit dem Befehl „Bildgröße" auf 1200 dpi.

3 Schärfen Sie das Bild mit dem entsprechenden Filter. Wählen Sie die Einstellungen: Zoomfaktor 500 %, Radius 1, Schwelle 5.

4 Benutzen Sie die Schwellenwertkontrolle (zu finden unter Bild – anpassen), um alle grauen Pixel abhängig von ihrem Tonwert entweder weiß oder schwarz zu machen. So wird z. B. ein Grau von 40 % weiß, während ein Grau von 82 % schwarz wird.

5 Ändern Sie den Bildmodus in Schwarzweiß oder Bitmap mit dem Schwellenmodus von 50 %. Und siehe da – schon haben Sie ein 1200 dpi-Bild von einem 600 dpi-Scan.

Vektorenbilder

Vektorenbilder werden aus mathematischen Algorithmen geformt. Diese Algorithmen sind Teil einer Computersprache namens PostScript, der Grundlage der meisten modernen Druckgeräte. Irgendwann wird Ihre Zeichnung ohnehin für den Druck in PostScript konvertiert, sodass Sie sie besser gleich von Anfang an für das PostScript-Format auslegen.

Vektorenbilder fertigt man mit Programmen wie Illustrator und Freehand an, die unter dem Begriff Zeichenprogramme zusammengefasst werden (im Gegensatz zu Bitmap-Programmen, die man Malprogramme nennt). Sie sind leicht zu lernen, da man Vektoren, anders als Bitmap-Bilder, nicht mit einer Maus oder einem Grafiktablett auf den Bildschirm „malt". Statt dessen bedient man sich eines „Stifts" aus der Werkzeugleiste des Programms und verbindet einzelne Punkte zu Linien oder Kurven.

Gestaltet man eine geschlossene Form, lässt sich diese mit Farbe füllen. Die Linien selbst kann man in Farbe und Breite variieren. Die Punkte stellen entweder Kurvenpunkte dar, sodass die entstehenden Linien Kurven formen, oder Eckpunkte, die gerade Linien bilden. Nach dieser Methode lassen sich komplexe Figuren gestalten. Da sie sich aus mathematischen Formeln zusammensetzen, ist die Dateigröße wesentlich kleiner als bei vergleichbaren Bitmap-Bildern.

◀ Bitmap-Bilder

Bitmap-Bilder lassen sich in Vektorenbilder integrieren, entweder indem sie ins Bild eingebettet werden (was die Datei beträchtlich vergrößert) oder als Linkdatei. Außerdem kann man Bitmap-Bilder als Schablonendateien zum Abzeichnen benutzen, was sich in bestimmten Fällen als hilfreiche Technik erweist, wenn etwa ein als Bitmap gestaltetes Logo in eine veränderbare Vektorendatei verwandelt werden soll.

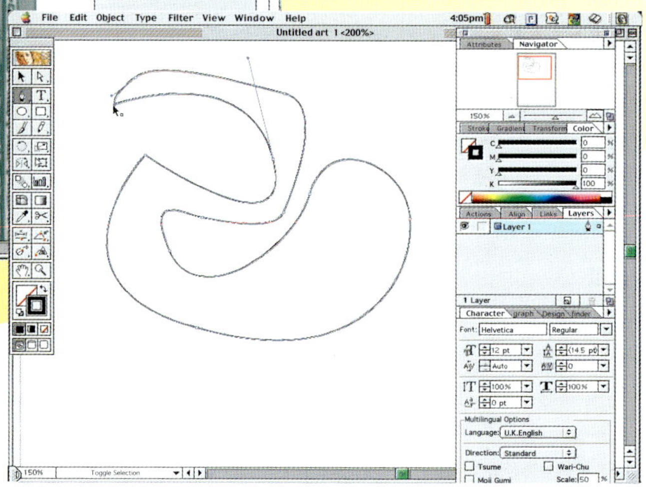

◀ Bézierkurven

Als Grundlage aller Vektorenzeichenpogramme gelten die Bézierkurven. Sie sind der Grundstein der gesamten PostScript-Sprache. Diese Kurven entstehen, indem man Linien verformt. Die Kurven sind schwer zu steuern, aber dennoch die Mühe wert. Mit ihrer Hilfe sind bei kleiner Dateigröße extrem komplexe Bilder zu erzeugen, die ohne Qualitätsverluste vergrößert oder verkleinert werden können.

SIEHE AUCH

Zeichnen mit der Maus oder dem Grafiktablett **112**

Bildbearbeitung **122**

Ein Vorteil von Vektorenprogrammen ist ihr überragender Umgang mit Texten. Computerschriften entstehen nach ähnlichen Prinzipien wie Vektorenbilder, damit man sie dehnen, verkleinern, vergrößern, kursiv stellen oder sonstwie verändern kann, ohne dass sie an Qualität verlieren. Eine Folge davon ist, dass heute in vielen Comics Fonts benutzt werden, die speziell in einem Vektorenprogramm erstellt wurden. Programme wie Fontographer machen das Lettern so einfach wie Schreibmaschine schreiben.

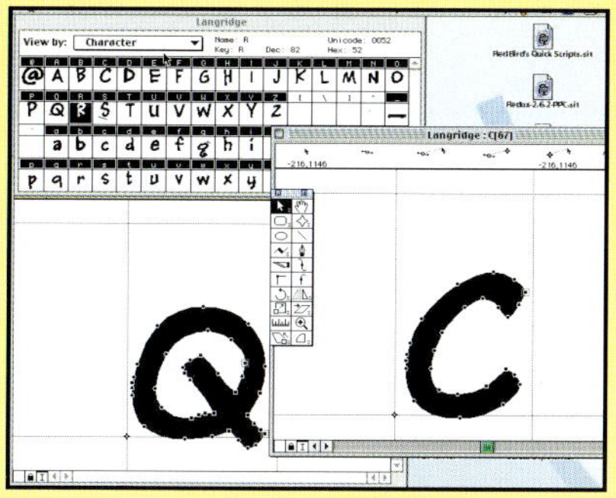

Mit einem Font-Herstellungsprogramm wie Fontographer sollten Sie zuerst ungewöhnliche Fonts kopieren, die Sie irgendwo gesehen haben, und erst dann versuchen, Ihren ersten eigenen digitalen Font zu entwerfen.

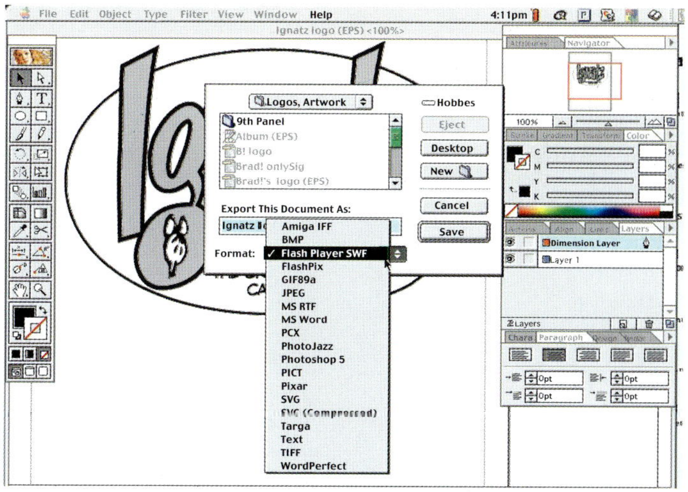

◄ EPS- & SWF-Dateien

Aus Vektorenprogrammen lassen sich Dateien in viele andere Formate konvertieren. Am häufigsten verwendet wird EPS (Encapsulated PostScript) wegen der geringen Dateigrößen und der leichten Verwendbarkeit in Layoutprogrammen. Ein anderes, häufig eingesetztes Vektorenformat ist SWF. Es wird normalerweise im Programm Flash verwendet, um Animationen für das Internet zu entwickeln.

Vektorenbilder können nach Belieben vergrößert oder verkleinert werden und bleiben dabei völlig scharf, was sie für Logos und Lettering perfekt macht.

Und nun Sie ...

Wenn Ihnen ein Verktorenprogramm zur Verfügung steht, probieren Sie alle Zeichenwerkzeuge aus. Am besten lernen Sie mit einem Vektorenprogramm umzugehen, wenn Sie es eingehend testen. Versuchen Sie ...

- ... einen Kreis mit nur vier Kontrollpunkten zu zeichnen.
- ... in nur einer Form eine Kombination von Eck- und Kurvenpunkten zu verwenden.
- ... herauszufinden, wie Tangenten zur Konstruktion von Kurven verwendet werden.

Die meisten Vektorenprogramme können Vektorendateien in Bitmap-Formate wie TIFF, BMP, JPEG oder GIF konvertieren. Dabei werden die Vektorenbilder aber gerastert oder in Bitmaps verwandelt, was die Datei stark vergrößert (siehe Glossar, Seite 152–153).

Mal- (oder Bitmap-) Programme

Anders als Vektorenprogramme ähneln Malprogramme dem Freihandzeichnen. Dabei benutzt der Zeichner die Maus oder ein Grafiktablett, um das erforderliche Bild zu gestalten. Während Malprogramme beim Anfertigen von Bildern ein Rastergitter verwenden, arbeiten Vektorenprogramme mit mathematischen Funktionen.

Der Begriff „Bitmap" beschreibt genau, wie Malprogramme funktionieren. Der Name ist abgeleitet vom Bit, der kleinsten Einheit des Computerspeichers, die entweder den Wert 1 oder 0 hat. Mit „map" ist in der Computersprache eine in Rasterkästchen unterteilte Fläche gemeint. Bitmap steht also für eine Art „Landkarte", die beschreibt, wo sich die Bits befinden. Das erklärt eigentlich genau, was in einem Malprogramm oder beim Scannen passiert. Ein Bitmap lässt sich mit einem Schachbrett und seinen 64 Feldern vergleichen. Wenn das erste Feld weiß ist, muss das zweite schwarz sein und so fort. Bei einem im Malprogramm erzeugten oder eingescannten Bild werden praktisch die Rasterfelder mit Farbe gefüllt. Während diese Programme einfacher als Vektorenprogramme zu handhaben sind, können die entstehenden Dateien gigantische Ausmaße haben. Ein farbiges A4-Bild (21 x 29,7 cm) benötigt als unkomprimierte Datei etwa 34 MB und verschlingt daher im Computer viel Speicherplatz. Es verlangsamt ein altes Gerät oder eines mit wenig Speicherplatz beträchtlich.

ARBEITEN MIT EINEM MALPROGRAMM

Pinselpalette

Den Pinsel wählen Sie aus der Pinselpalette aus. Sie können ihn in Größe, Form und Winkel nach Ihren Wünschen ändern. Wenn Sie bei einem Malprogramm ein Grafiktablett verwenden, entsprechen Druck und Winkel des Malstifts exakt der Breite und der Art des Strichs, den Sie erzeugen. Das lässt die Zeichnung realistischer wirken

Wesentlicher Teil eines Malprogramms sind so genannte Plug-ins, Programme, die an das Hauptprogramm „angesteckt" werden. Sie ermöglichen die Verwendung zusätzlicher Effekte und Werkzeuge. Mit Plug-ins kann man Bildelemente verschwimmen oder mit einem Lichtreflex versehen lassen usw. Man sollte sie weder unüberlegt noch zu häufig anwenden, damit sie sich nicht abnutzen. Weniger ist mehr.

Dieses Bild zeigt, wie wirkungsvoll ein Plug-in sein kann. Hier wurde oben links ein für eine Kameralinse typischer Lichreflex eingefügt.

SIEHE AUCH
Scannen **114**
Bildbearbeitung **122**

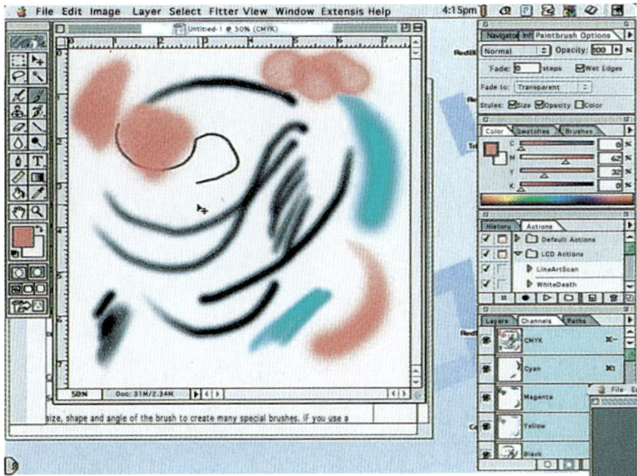
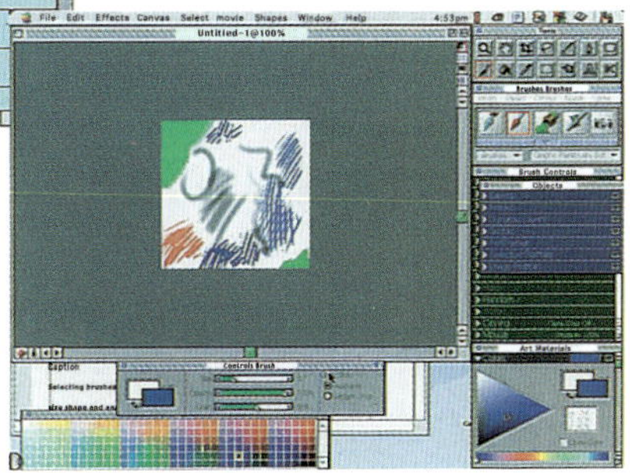

◄▼ Photoshop und Painter

Programme wie Photoshop und Painter bieten viele Werkzeuge, die jeder Künstler kennt, u. a. Pinsel, Airbrush, Bleistifte. Sie ermöglichen es, Form und Farbe der Werkzeuge schnell zu ändern. Painter reproduziert natürliche Medien wie Öl, Impasto und Wasserfarben sehr gut, was Computergrafiken ein realistisches Aussehen verleiht.

Malprogramme sind vielseitig.

Da gescannte Bilder Bitmaps sind, kann man Fotos und Gegenstände, wie z. B. Ziegelmauern, einscannen und in die Zeichnung integrieren. Viele Zeichner experimentieren mit diesen Techniken, um Effekte zu erzielen, die anders nicht so leicht erreichbar wären.

Wie Vektorenprogramme können Malprogramme Dateien in viele Formate konvertieren. Das populärstes Format auf dem Drucksektor ist die TIFF-Datei (Tagged Image File Format), die komprimiert werden kann und weniger Speicher benötigt. Andere nützliche Formate sind JPEG (Joint Photographic Experts Group) und GIF (Graphic Interchange Format), die bevorzugt im Internet verwendet werden (siehe Glossar Seite 152–153).

Und nun Sie ...

- Experimentieren Sie mit allen Werkzeugen, die ein Bitmap-Programm bietet. Wenn Sie mit der Feder zu zeichnen gewohnt sind, testen Sie einmal die andere Linienart des Pinselwerkzeugs.
- Versuchen Sie ein Gesicht in verschiedener Auflösung zu zeichnen und auszudrucken. Je höher die Auflösung, desto weniger gepixelt sieht das Bild aus. Wie wirkt sich das auf die Dateigröße und die Druckgeschwindigkeit aus?
- Plug-ins können bei richtiger Anwendung sehr effizient sein. Studieren Sie die Möglichkeiten der im Programm gebotenen Optionen. Gehen Sie ruhig einmal bis an die Grenzen der Einstellungsmöglichkeiten. Fallen Ihnen Beispiele ein, wann diese Effekte nützlich wären?

Die meisten Zeichner können bald mit Bitmaps umgehen.

3-D-Modellieren

Eine der größten Errungenschaften der Digitalkunst etablierte sich mit dem Aufkommen von 3-D-Programmen. Wenn Sie sich Videospiele und Filme ansehen, stellen Sie fest, was für eine Bedeutung diese Programme bekommen haben. Auch Comic- und Cartoonzeichner experimentieren mit 3-D, um realistischere Welten für ihre Figuren zu erschaffen. Manche Zeichner entwerfen sogar ihre Figuren mit 3-D-Software.

3-D-Programme ähneln Vektorenprogrammen, da die erzeugten Bilder ein System von Kurven und Linien verwenden. Hat man ein Gittermodell erstellt, lassen sich Oberflächentexturen wie Fels, Metall oder Haut über dieses Gitter legen. Dieser Vorgang, das Modellieren, erfordert viel Übung und einen leistungsfähigen Computer. Die meisten Programme ermöglichen es, mit Grundformen wie Würfeln, Kugeln und Kegeln 3-D-Bilder zu entwerfen (ähnlich wie Zeichner ihre Figuren aus Rechtecken, Kreisen und Ovalen aufbauen) und wie Bitmap-Programme Oberflächentexturen zu erzeugen. Die ausgeklügeltsten (und teuersten) Programme können sogar Fell imitieren und Figuren animieren.

Die Preise für 3-D-Programme reichen von günstig bis irre teuer.

3-D-BILDER ENTWERFEN

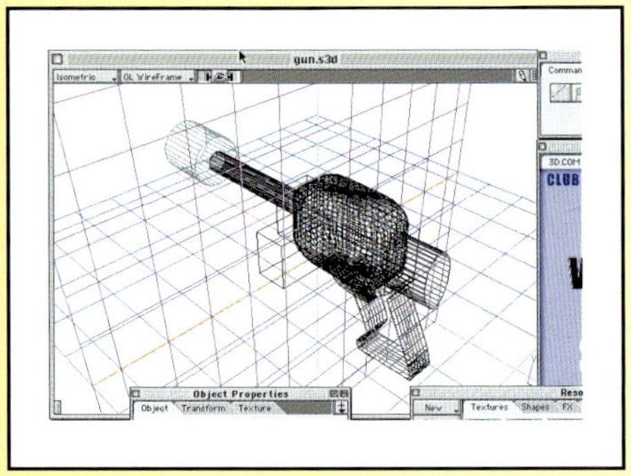

1. Um mit einem 3-D-Programm eine futuristische Waffe zu entwerfen, beginnen Sie damit, Grundformen wie Würfel, Zylinder und Kugeln miteinander zu kombinieren.

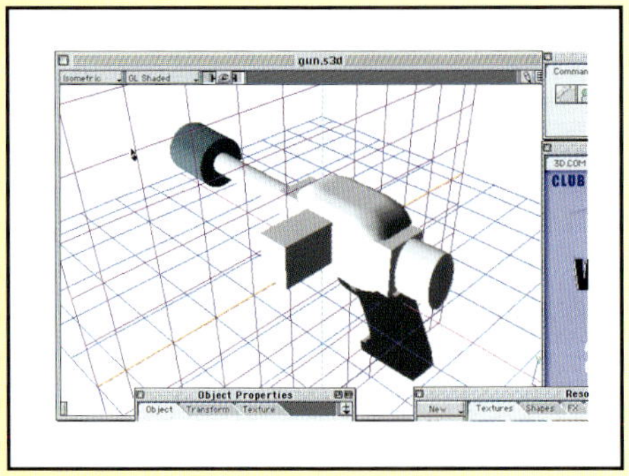

2. Danach erzeugen Sie den Lichteinfall, der das Objekt beleuchten soll. In diesem Beispiel kommt das Licht von links oben.

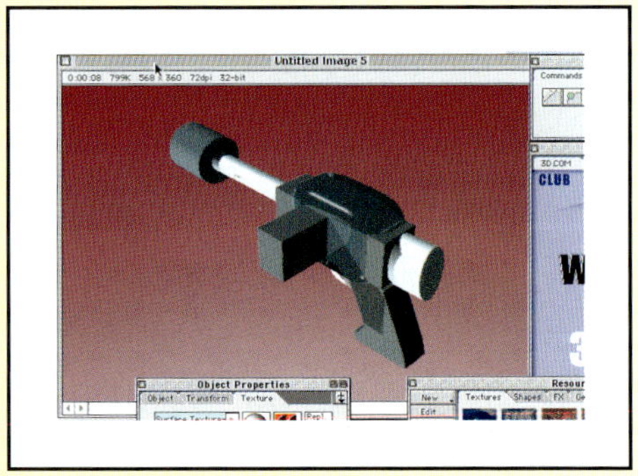

3. Nun fügen Sie dem Modell Oberflächentexturen hinzu und speichern alles ab. Sie können ein Modell auch in ein Malprogramm kopieren, um dann die Texturen weiter auszuarbeiten.

SIEHE AUCH

Bildbearbeitung **122**

Entwurf von Trickfilmfiguren **142**

Modellieren von Computerspielfiguren **144**

► Hintergründe in 3-D

Manche 3-D-Programme eignen sich für bestimmte Vorgaben besser als für andere. Wollen Sie realistische Hintergründe gestalten, erweist sich Bryce als gute Wahl. Hier hat der Zeichner Scott McCloud damit einen sagenhaften Hintergrund mit Licht und Schatten ausgearbeitet.

Kaufen Sie das **beste Programm,** das Sie sich **leisten** können.

◄ Menschen posieren lassen

Das Programm Poser ist in seiner Preisklasse konkurrenzlos. Figuren, Hände, Gesichter und Füße können ziemlich realistisch modelliert werden.

► Logo-Design

Man kann Plug-ins für Bitmap- und Vektorenprogramme kaufen, die in gewissem Umfang 3-D-Effekte zulassen. Hier sehen wir das Beispiel eines Logos, das Brad! Brooks mit Hilfe von Illustrator und Kai's Vector Effects entworfen hat.

Und nun Sie ...

- Wie normale Zeichnungen können die meisten 3-D-Bilder auf Grundformen zurückgeführt werden. Aus welchen Formen entwerfen Sie z. B. ...
  - ... einen Panzer in der Seitenansicht?
  - ... einen Gorilla, von vorn und leicht von oben gesehen?
  - ... eine Bergkette, von einem darüber fliegenden Hubschrauber betrachtet?
  - ... ein menschliches Gesicht in Dreiviertelansicht?
- Lichtquellen sind sehr wichtig für 3-D-Modelle. Welche Wirkung hätte es auf Ihr Modell des Panzers, wenn Lichtquelle und Einfallswinkel verändert werden?

Bildbearbeitung

Es mag seltsam anmuten, aber Programme wie Photoshop, Paint Shop Pro und viele andere Malprogramme (Painter ist eine der Ausnahmen) wurden nicht entwickelt, um Bilder von Grund auf zu erstellen. Stattdessen galt und gilt ihr Hauptzweck der Bearbeitung bereits fertiger Bilder, etwa gescannter Fotos.

Die vielen Werkzeuge und Filter in Bildbearbeitungsprogrammen ermöglichen es Ihnen, schnell und einfach Effekte zu entwerfen und Korrekturen zu machen. Sie können Cartoons mit allen Raffinessen kolorieren – und mit erstaunlicher Wirkung. Wollen Sie in Ihren Bildern Fotos oder realistische Texturen verwenden? Kein Problem. Wollen Sie einen Airbrusheffekt, ohne einen Airbrush zu besitzen? Simpel. Die Werkzeuge von Bildbearbeitungsprogrammen eröffnen eine Welt voller Kreativität. So füllt etwa die Farbdose eine Fläche viel schneller als jeder Pinsel. Das Verlaufswerkzeug ermöglicht fließende Farbübergänge zwischen zwei oder mehr Farben. Sie können auch Fehler einer Originalzeichnung ohne Tusche und Feder korrigieren. Flecken, die beim Scannen entstehen, entfernen Sie mit dem Radierwerkzeug.

Mit dem **Bildbearbeitungsprogramm** können Sie Ihrer **Fantasie freien Lauf** lassen, denn **Fehler korrigieren** Sie einfach mit der **Rückgängig-Funktion.**

BILDEBENEN

Verhältnismäßig neu ist das Arbeiten in Ebenen. Stellen Sie sich die Bildebenen als Überleger Ihrer zugrundeliegenden Zeichnung vor. Sie können so Bilder mit mehreren Ebenen erstellen und sogar das Mischungsverhältnis der Ebenen festlegen. Manche Zeichner benutzen diese Methode, um ihre Cartoons zu kolorieren, indem sie die Strichzeichnung als Überleger für die Farbe nehmen, damit die Konturen klar bleiben, fast so wie bei Blaukopien.

Nachdem Sie eine Maske für die Strichzeichnung angelegt haben, wählen Sie die zu füllende Fläche und dann die Farbkanäle, um Farbe einzufügen. Ist die Farbe eingefüllt, binden Sie den Strichzeichnungskanal in die CMYK-Farbkanäle ein und speichern alles als CMYK-Datei ab.

Bildbearbeitungsprogramme gestatten es Ihnen, die Farbkanäle eines Bildes zu sehen und damit zu arbeiten. Die meisten Printmedien benutzen Vierfarbdruck mit Cyan, Magenta, Gelb and Schwarz (abgekürzt CMYK). Die tatsächlichen Farben ergeben sich erst beim Übereinanderdrucken. Bei Photoshop kann man die Farbkanäle sehen und ihnen Farbe hinzufügen.

SIEHE AUCH
Scannen **114**
Werbe- und Verpackungs-Illustration **136**

Sie können auch Fotos manipulieren, um mit Photoshop oder anderen Bildbearbeitungsprogrammen (mit Plug-in-Filtern) Cartoons zu kreieren. Programme wie Goo können verrückte und wunderbare Effekte zaubern.

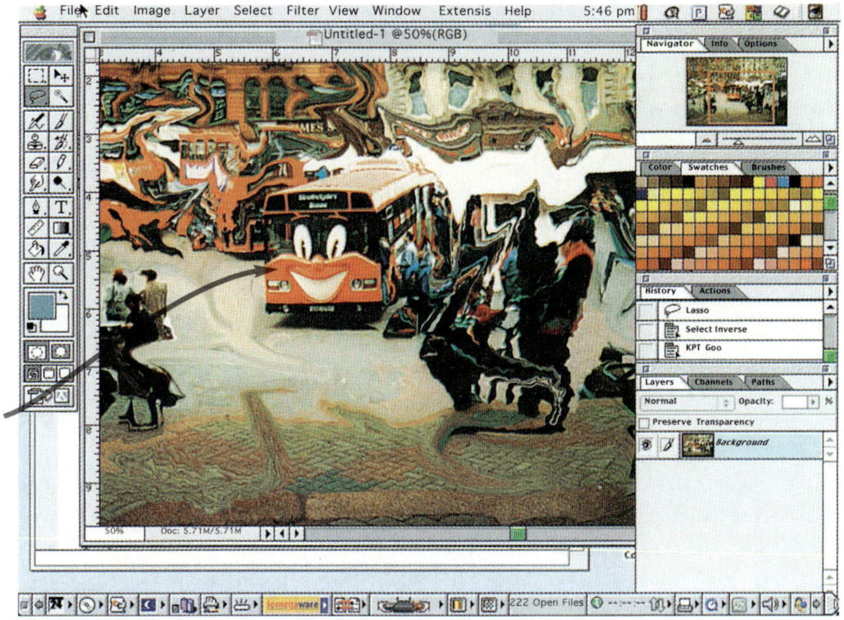

▲ Fotomanipulation

Da Bildbearbeitungsprogramme Bitmap-Programme sind, können Sie alles verwenden, was sich scannen oder mit einer Digitalkamera aufnehmen lässt. Darüber hinaus können Sie mit Bildebenenfunktionen Transparenz, Farbbalance und vieles mehr verändern und bearbeiten.

Und nun Sie ...

- Scannen Sie einen Cartoon und kolorieren Sie ihn mit Photoshop oder einem ähnlichen Programm. Sie finden es vielleicht einfacher, wenn Sie in Graustufen scannen, den Schwellenwert angleichen (siehe Seite 114) und dann das Bild in ein Bitmap umwandeln. Konvertieren Sie dann die Datei in eine CMYK-Farbdatei. Sie werden feststellen, dass die Farben bis zu den Konturen reichen und keine haarfeine weiße Lücke lassen.
- Scannen Sie den gleichen Cartoon noch einmal und kolorieren Sie ihn mit einer limitierten Farbauswahl. Beschränken Sie sich auf eine oder zwei Farben, um „Atmosphäre" zu schaffen.
- Scannen Sie Fotos von Freunden und manipulieren Sie sie unterschiedlich stark. Können Sie diese Bilder für Ihre Zeichnungen gebrauchen?

Effekte wie Spotlights, Schmierer oder Farbverläufe können in diesem Stadium benutzt werden, um dramatische Wirkungen zu erzielen.

Farben können aus einer Palette vorgemischter Farben ausgewählt oder mit Hilfe von Reglern eingestellt werden. Diese Farben kann man der Palette hinzufügen oder in einer eigenen Palette abspeichern. Es ist aber auch möglich, mit Pantone, Toyo oder Trumatch zu arbeiten.

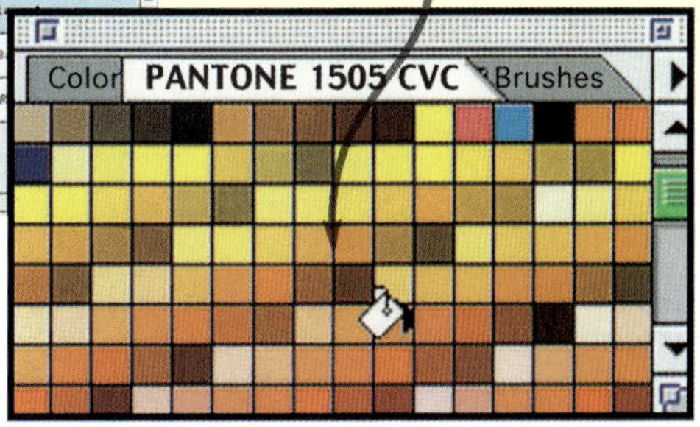

Digitale Dateien speichern

Wenn Sie einmal angefangen haben, am Computer Bilder zu scannen oder zu entwerfen, werden Sie merken, dass Ihnen irgendwann der Platz auf der Festplatte ausgeht, auch wenn diese noch so groß ist. Je voller die Festplatte wird, desto eher stürzt der Computer genau dann ab, wenn es am unpassendsten ist.

Elektronische Zeichnungen speichern Sie so einfach wie andere Dateien ab. Es gibt spezielle Formate (etwa TIFF = Tagged Image File Format, EPS = Encapsulated Post Script usw.), die die Zeichnungen jedoch genau wie alle sonstigen Dateien in Form von Nullen und Einsen speichern. Gewöhnen Sie sich an, regelmäßig ein Backup Ihrer Festplatte anzufertigen. Das ist wirklich lebenswichtig! Ohne Backup könnten Sie eines Tages Ihre ganze Arbeit auf einen Streich verlieren.

Ein Backup ist im Grunde ein regelmäßiges Kopieren Ihrer gesamten Festplatte auf ein anderes Speichermedium. Es gibt Backup-Hilfsprogramme, besonders wenn Sie nur kumulierende Backups machen, d.h. wenn sich von Zeit zu Zeit genug neues Material angesammelt hat und Sie beim Backup nur neue oder geänderte Dateien sichern wollen.

Externe Festplatten werden als Alternative für Backup-Kopien empfohlen, sind aber teuer. Sie lassen sich so partitionieren, wie Sie Ihre Backup-Dateien aufteilen wollen. Wenn Ihre Haupt-Festplatte zu voll wird, helfen sie, wieder Platz freizugeben. Zweifelsohne sind externe Festplatten die beste Wahl, aber zugleich besonders unbeweglich. Andere Möglichkeiten, Ihre Daten digital zu speichern, finden Sie unten auf dieser Seite.

▼ Zip-Disketten

Zip-Disketten sind Speichermedien in den Größen 100 MB und 250 MB. Sie benötigen zum Lesen und Schreiben ein eigenes Gerät. Die Disketten sind verhältnismäßig teuer. Man kann mit ihnen Dateien an Verleger und Reproanstalten schicken. Aber Vorsicht! Viele Reproanstalten bringen ihre Ausrüstung nur sehr selten auf den neuesten Stand.

▲ CD-Brenner

Die beste Lösung ist ein CD-Brenner. Auf beschreibbaren oder wiederbeschreibbaren CDs kann man bis zu 650 MB unterbringen und so auch große Festplatten preisgünstig sichern. CDs eignen sich gut zum Versand der Arbeiten an Verleger, weil sie sehr robust sind und viel Information aufnehmen können. Es gibt externe und interne CD-Brenner für PC und Mac.

SIEHE AUCH

Das richtige Werkzeug **20**

Scannen **114**

Publizieren im Internet **150**

Es ist fast schon ein Naturgesetz, dass **Ihre Festplatte abstürzen wird**, während Sie gerade Ihr Meisterwerk speichern wollen.

► Bandlaufwerk

Wenn Sie viele Daten sichern müssen, sind DAT („Digital Audio Tape“)-Laufwerke ideal, weil sie eine große Aufnahmekapazität besitzen und verhältnismäßig billig sind. Sie sind jedoch nicht sehr hilfreich, wenn Sie regelmäßig Zugang zu bestimmten Informatio-nen brauchen, weil das Band ständig vor- oder zurüchgespult werden muss. Außerdem kann man die Bänder nicht an den Verleger verschicken.

Deshalb sollten Sie **immer wieder ein Backup machen.**

► Dateien per Email

Versuchen Sie nicht über das Internet zu große Dateien zu versenden. Das Maximum liegt bei 10 MB, und selbst das ist riskant. Wenn Sie große Datenmengen verschicken müssen, fragen Sie Ihren Verleger oder die Reproanstalt, ob sie einen Datentransfer-Protokoll-Server haben, mit dessen Hilfe Sie uploaden können.

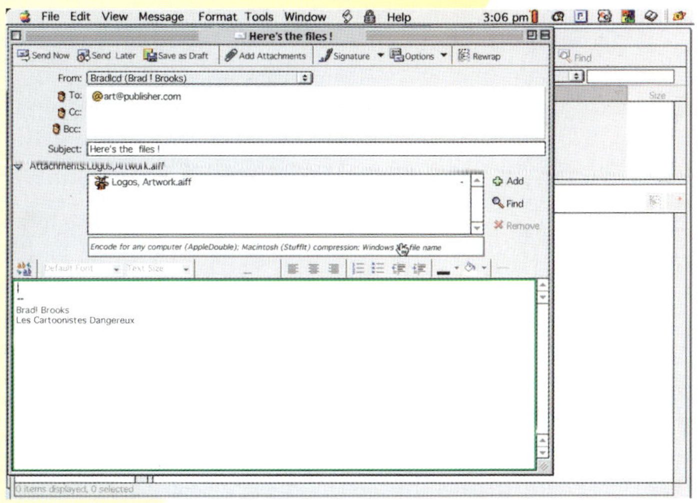

Und nun Sie ...

- Fragen Sie Ihren Verleger, wie und auf welchem Medium er digitale Dateien erhalten will. Das spart viel Zeit und Ärger.
- Fragen Sie bei Ihrem Computerhändler, was er für Speichergeräte verlangt. Sehen Sie auch im Internet nach (benutzen Sie Suchmaschinen wie Google oder Hotbot); wahrscheinlich finden Sie dort die gleichen Geräte günstiger, selbst bei Berücksichtigung von Versandkosten. Oft bürgen die Kreditkartenfirmen für Käufe mit Kreditkarte.
- Fragen Sie Freunde mit Computer, wie oft sie Backups machen.
- Wenn Sie Ihr Material nur bewertet haben wollen, warum eigentlich nicht faxen? Es ist billig, einfach und praktisch, weil fast jeder ein Faxgerät besitzt.
- Zum Versenden von Dateien haben viele Internet-Cafés und Reproanstalten ISDN (Integrated Services Digital Network), eine schnelle Methode, ins Netz zu kommen.

7. Kapitel

Cartoonvielfalt

Wenn von **Cartoons** die Rede ist, denken die meisten Leute, dass man **Trickfilmserien im Fernsehen** oder **intelligente Witzbilder** meint. In Wirklichkeit wurden unter diesem Begriff ursprünglich **alle Arten von Pressezeichnungen und Zeichentrickfilmen** zusammengefasst. Dieses Kapitel zeigt Ihnen, wie Sie die bisher

Die bekannteste Form des Cartoons ist der Gag-Cartoon bzw. das Witzbild. Es macht den Witz auf einen Blick deutlich. Gute Zeichner sollten jeder Situation, und sei sie noch so ernst, Humor abgewinnen.

Dieser Zeitungscomic von Walt Kelly hieß nach der Hauptfigur Pogo. *Der Strip lief in amerikanischen Zeitungen vom Ende der 1940er- bis in die 1970er-Jahre.*

erlernten Techniken und Methoden auf **vielfältige Weise praktisch und gewinnbringend** umsetzen können. Wir beschäftigen uns ausgehend vom **„Gag"-Cartoon** – der wahrscheinlich bekanntesten Form – mit allen Varianten von **Karikatur, Illustration und Design bis hin zu Comics im Selbstverlag.** Jede einzelne Form spricht buchstäblich für sich, wenn die Zeichnung **Ideen und Inhalte schnell, effizient und ökonomisch** vermittelt.

Gag-Cartoons

Auf Anhieb als Cartoon erkannt wird das Witzbild, auch Gag-Cartoon genannt. Es handelt sich dabei in der Regel um einen Witz, der in einem Bild mit einem kurzen Begleittext erzählt wird.

Gag-Cartoons können sich mit fast allem befassen, von tagesaktuellen Ereignissen bis zu simplen Beobachtungen aus dem Alltag. Sie funktionieren dank der Einfachheit ihres Humors und dem Mitgefühl des Lesers.

Wenn Sie für Zeitschriften oder Zeitungen zeichnen, verinnerlichen Sie sich deren Layout, damit Sie wissen, wieviel Platz Ihnen zur Verfügung steht. Skalieren Sie Ihr Bild entsprechend.

Am Anfang eines Witzes steht **die Idee,** woher sie auch stammt: ...

... aus einem **zufällig gehörten Gespräch,** einem Zitat in der **Zeitung,** einer **irren Situation** oder einem komischen **Erlebnis.**

ENTWICKELN VON IDEEN

Wenn Sie Ideen für ein Witzbild entwerfen, versuchen Sie mehrere Möglichkeiten durchzuspielen, ehe Sie sich auf die endgültige Gestaltung festlegen. Hier ein typisches Beispiel.

Gag-Cartoons können sehr effizient visuelle Kalauer illustrieren. Dieses Bild könnte zum Beispiel mit „Fußball an der Leine", „Der Ball ist Hund" oder „Wo ist das Balli?" unterschrieben sein.

Nimmt man von oben den Text „Wo ist das Ball?" kann man einen neuen Gag mit ganz anderer Aussage entwickeln. Hier wird durch die Größe ein Gefühl der Absurdität vermittelt.

SIEHE AUCH
Cartoontexte **52**
Buchillustration **138**
Zeitschriften-illustration **140**

Und nun Sie ...

- Stellen Sie sich möglichst viele Szenen, aktuelle Ereignisse und witzige Situationen vor, die sich in einen Ein-Zeilen-Witz verwandeln lassen.
- Überlegen Sie, wo Ihre Zeichnung erscheinen könnte. Passen Format und Thema?
- Nehmen Sie ein einfaches Thema, etwa einen Affen und einen Elefanten im Dschungel, und machen Sie daraus mehrere Witze und Cartoons. Sie können unpassende Gegenstände in die Situation einbauen, etwa einen Schirm oder Rollschuhe. Sie sollten daraus vier bis fünf witzige Szenen entwickeln können.

◄ Die Addams Family

Charles Addams schuf eine Serie gespenstischer, aber humorvoller Cartoons für den New Yorker. *Daraus entwickelten sich die Fernsehserien und Filme um die* Addams Family. *Dieser spezielle Cartoon wurde als Schlussgag des ersten Spielfilms verwendet.*

► Alte Schule

Wenn es um die Bildunterschrift geht, sind verschiedene Möglichkeiten üblich. Normalerweise wird der Text, wie bei diesem 1946 entstandenen Cartoon von Ronald Searle, gesetzt und unter das Bild gestellt.

"Hands up the girl who burnt down the East Wing last night."

▲ Denken Sie an ein Thema

Wenn man für Zeitschriften arbeitet, hilft es, in Themen zu denken. Dieser Cartoon hat sich die Wissenschaft vorgeknöpft. Er wurde in der Wissenschaftszeitschrift Frontiers *veröffentlicht.*

◄ Weihnachtschaos

Posy Simmonds Arbeit vermittelt eher den Stil eines Comichefts, indem Sprechblasen und ein rechts unten eingefügtes Bild verwendet werden, um die Figur in der Menge hervorzuheben.

Karikatur

Eine Art der humoristischen Zeichnung, die fast jeder kennt, ist die Karikatur. Sicher haben auch Sie schon einmal Straßenkünstler bei der Arbeit beobachtet, wie sie amüsante Bilder von Passanten anfertigen.

Karikaturen entstehen durch die Verformung und Verzerrung körperlicher Eigenschaften. Das Geheimnis für den Erfolg liegt darin, die Charakteristika einer Person (meist ihres Gesichts) zu erkennen und damit herumzuspielen – die Nase zu vergrößern, den Mund zu verkleinern usw. Bei manchen Menschen genügen ein oder zwei offensichtliche Merkmale (z. B. Prinz Charles' Ohren oder Richard Nixons Nase). Andere sind schwieriger, daher ist eine genaue Analyse der zu karikierenden Person erforderlich. Denken Sie daran: Der Trick ist, dass die Person wiedererkennbar sein soll und nicht aussehen darf, als käme sie aus dem Kuriositätenkabinett!

Bei Karikaturen geht es um das Beobachten und Übertreiben. Ziel ist nicht Schmeichelei oder Beleidigung, sondern die erkennbare Cartoonversion einer Person zu gestalten.

◄ Wiedererkennen

Diese Karikatur, die David Low vom jungen Prinz Philip gezeichnet hat, greift dessen Körperform und Haltung auf, indem Arme und Beine verlängert, der Kopf aber verkleinert wurden. Das Gesicht ist deutlich erkennbar und die ganze Zeichnung sieht dem Original sehr ähnlich.

WIRKSAME ÜBERTREIBUNG

1. Studieren Sie das Gesicht der zu karikierenden Person genau. Manchmal sind Karikaturen einfacher, wenn die Person eine Grimasse schneidet, insbesondere dann, wenn das Gesicht keine auf Anhieb übertreibbaren Gesichtszüge aufweist.

2. Beachten Sie, dass der Zeichner die Linie auf der Nase verstärkt, die Augenbrauen angehoben und das Lächeln breiter gemacht hat.

SIEHE AUCH
Zeichnen nach der Natur **74**
Von der Beobachtung aufs Papier **76**

▲ Abschied von Zuhause

Oft sind Karikaturen nur harmlos und unterhaltend, aber in den richtigen Händen werden sie zur beißenden Satire, zum sozialen oder politischen Kommentar.

▲ Minimale Linien für maximale Wirkung

Karikaturenkünstler bekommen ihre Aufträge meist von Zeitungen und Zeitschriften, die damit Artikel illustrieren wollen. Diese 1949 entstandene Zeichnung von Robert Stewart Sherriffs aus der Zeitschrift Punch *zeigt die Hauptdarsteller des Films* Der dritte Mann *(Orson Welles, Trevor Howard, Joseph Cotton und Valli).*

▼ Bills mieser Etat?

Oft ist eine Idee nicht auf Anhieb erkennbar, soll aber den Leser aufmerksam machen. Hier vergleicht Pat Oliphant US-Präsident Bill Clinton mit einem Trickbetrüger der seinen Etat „aufbessert". Beachten Sie die übertriebene Nase und die Kleidung, die ein zwielichtiger Marktschreier tragen könnte.

Und nun Sie …

- Sehen Sie sich Fotos berühmter Leute an, überlegen Sie, was ihre auffälligsten Charakteristika sind, und zeichnen Sie sie dann. Sind sie noch erkennbar? Wenn nicht, nehmen Sie die Übertreibungen zurück.
- Bieten Sie an, Freunde und Verwandte zu karikieren. Sie werden überrascht sein, wie viele Leute dafür willig Modell sitzen.
- Denken Sie an Gegenstände oder Tiere, denen die Person ähnelt, die Sie zeichnen. Eine Person mit besonders großer Nase könnte beispielsweise als Concorde oder Ameisenbär gezeichnet werden.

Comics

Comichefte und Comicstrips unterscheiden sich von Witzbildern, Cartoons und Karikaturen dadurch, dass ihre sequentiellen Bilder einen Zeitablauf darstellen, anstatt ein Einzelbild, das wie ein Schnappschuss wirkt. Strips sind eine etwas jüngere Kunstform als die Karikatur oder das Witzbild.

Comics gibt es, grob unterteilt, in zwei Formen. Zum einen sind da die weit verbreiteten, klassischen Zeitungsstrips wie *Peanuts*, *Calvin und Hobbes* oder *Doonesbury*. Diese Strips erscheinen normalerweise als Folge von drei oder vier Bildern, den so genannten Panels, die eine Geschichte oder einen Witz erzählen. Oft stellen sie in sich abgeschlossene Vignetten für den dar, der sie en passant liest. Manchmal setzt sich ein Thema aber auch über Tage oder Wochen fort.

Zum anderen gibt es Comichefte oder -zeitschriften mit Geschichten von im Schnitt 24 Seiten mit vier bis zehn Bildern pro Seite. Sie können in sich abgeschlossen sein, sind aber oft auf Fortsetzung angelegt, um erzählerisch mehr Spielraum zu haben.

ARBEIT MIT EINEM SKRIPT

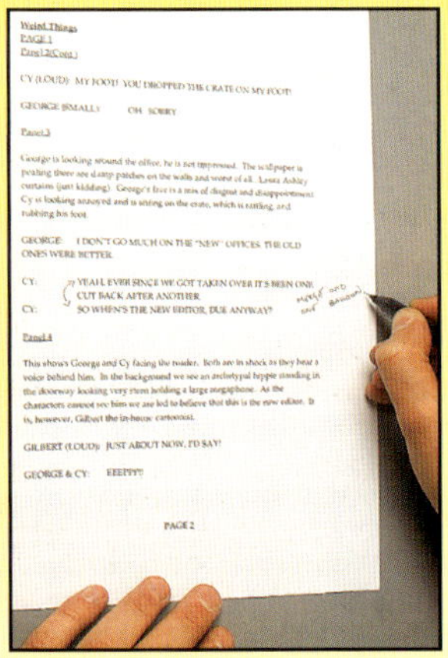

Bevor Sie einen Comic beginnen, legen Sie besser ein Skript an. Es gibt Ihnen eine Vorstellung davon, was in den Bildern zu sehen sein soll, wo Requisiten auftauchen müssen, was gesprochen wird und ob „Pengwörter" benötigt werden.

▼ Alles ist möglich

Oft werden Comichefte mit Superhelden assoziiert, sie eignen sich jedoch für jedes Genre und jede Geschichte, die Sie erzählen wollen.

SIEHE AUCH
Tiere 44
Cartoontexte 52

◀ Vor dem Zeichnen entwerfen

Comichefte haben die verschiedensten Layouts, traditionell sechs, acht oder neun Bilder pro Seite. Der Trick ist, das Auge von links oben im Zickzack nach rechts unten über die Seite wandern zu lassen. Diese Seite aus Ed Hillyers Time Warp: End of The Century Club *sieht sehr komplex aus, unterteilt die Seite im Wesentlichen aber nur in vier Viertel.*

Und nun Sie ...

- Schreiben Sie ein Skript, das wie ein Filmdrehbuch Ihre Ideen und Gedanken in einer klaren Handlung bündelt. Denken Sie daran, dass jede Geschichte Anfang, Mittelteil und Ende benötigt.
- Machen Sie erst Scribbles Ihrer Seiten und planen Sie, wie das Auge über die Seite wandern soll. Halten Sie den Ablauf bewusst einfach. Alles, was zu komplex ist, verwirrt den Leser.
- Skizzieren Sie unterschiedlich lange Comics: einen 4-Panel-Strip, eine Einseitengeschichte mit neun Bildern, eine dreiseitige Geschichte mit beliebig vielen Bildern. So lernen Sie, wie man Geschichten in verschiedene Formaten unterteilt.

▶ Aufteilung in Panels

Der Schlüssel zum guten Comic liegt darin, wie die Geschichte von Panel zu Panel, von Seite zu Seite abläuft. Wichtig ist,dass die Geschichte glatt fließen muss. Diese Seite aus Lewis Trondheims The Fly *zeigt perfekt, wie man eine Story auch ohne Worte in Bilder aufteilen kann.*

Wichtig ist, die Geschichte geschickt zu unterteilen, da das Timing der Arbeit eine neue Dimension verleiht.

◀ Zeitungsstrips

Erzählweisen der Comichefte lassen sich auf Zeitungsstrips übertragen, wie hier bei Frank Chos Liberty Meadows *zu sehen. Es wurde viel Fläche verwendet, um den Ablauf der Geschichte zu steuern. Diesen Luxus können sich nur die räumlich nicht so begrenzten Sonntagsausgaben von Zeitungen leisten.*

Politische Karikaturen

Seit jeher erfreuen sich politische Karikaturen der Wertschätzung von Intellektuellen und genießen als beißende Satire einen guten Ruf. Als Teil des demokratischen Willensbildungsprozesses können sie dazu beitragen, die aktuellen politischen und gesellschaftlichen Probleme zu analysieren und zu kommentieren.

Bei politischen Karikaturen ist es sehr wichtig, dass sie eine klare Aussage haben. Manche Zeichner würden sogar betonen, dass das Konzept oder die Idee wichtiger sind als das zeichnerische Können, denn ohne aktuellen Bezug wäre die Karikatur nur ein Witzbild. Ideen für politische Karikaturen findet man offensichtlich am leichtesten in Zeitungen, Zeitschriften und Nachrichtensendungen von Funk und Fernsehen. Sie sollten sich alles notieren, was Ihnen auffällt, sei es eine Aussage oder ein besonders ungewöhnliches Bild eines Politikers – und zwar täglich. Viele politische Karikaturisten arbeiten für die Zeitungsausgabe, die am nächsten Tag erscheint.

Der britische Karikaturist Steve Bell sagte einmal: „Bilder ... können absichtlich oder unabsichtlich alle möglichen Bedeutungen vermitteln. Bilder sind machtvoll, sollten aber nicht heilig sein.“ In diesem Sinn sehen viele Karikaturisten die Politiker – mächtig, aber nicht heilig. Es gilt sogar als Pflicht des Karikaturisten, Politiker zu parodieren oder zu verspotten.

Politische Karikaturen finden vielfach gute Einsatzmöglichkeiten.

Lernen Sie karikieren, damit die Leute, die Sie zeichnen, auf Anhieb von Millionen von Lesern als Präsidenten, Minister oder andere Würdenträger erkannt werden.

◄Aktualität

Diese Karikatur zeigt den britischen Chef der Labourpartei, Tony Blair, 1997 im Wahlkampf. Sie beruht auf einem in Bristol aufgenommenen Foto und ist ergänzt um Wahlplakate, die einen beliebten Margarine-Werbespruch aufgreifen: „Ich kann nicht glauben, dass es keine Butter ist“. Damit wird angedeutet, wie ähnlich sich die Wahlprogramme der beiden Parteien sind. So macht man aus unterschiedlichen Elementen eine neue Pointe.

SIEHE AUCH
Zeichnen nach der Natur 74
Anlegen einer Ideenbank 78
Zeichnen nach Vorlagen 80
Karikatur 130

▶ Soziale Ungerechtigkeit

Wenn Sie eine Sache sehr beschäftigt, vermeiden Sie die Satire, denn sie schwächt Ihre Aussage ab. Einige der bedeutendsten Karikaturen sind so mächtig wie Fotojournalismus. Dieses harte Bild von Pat Oliphant wurde 1989 am Tag nach dem Massaker auf dem Platz des Himmlischen Friedens gezeichnet.

REMEMBER TIANANMEN SQUARE

◀ Sozialer Kommentar

Politische Karikaturen arbeiten oft mit Symbolen. Diese Zeichnung von Signe Wilkison zeigt Imelda Marcos, die sich die Inselgruppe der Philippinen wie Schmuck um den Hals gehängt hat, um zu verdeutlichen, was sie zurzeit der Präsidentschaft ihres Mannes Ferdinand für ihr Land empfand.

▶ Sozialismus?

Politiker werden oft als Tiere dargestellt. Hier ist Boris Jelzin als Kater gezeichnet, der in seiner Amtszeit alles überlebt, um an der Macht zu bleiben. Vermeiden sollte man das alte Klischee, korrupte Politiker als Schweine abzubilden.

NINE LIVES AND COUNTING...

Und nun Sie ...

- Üben Sie, Karikaturen von Politikern und bekannten Persönlichkeiten zu zeichnen, bis Sie einen Look erzielen, der Ihnen selbst gefällt.
- Halten Sie sich politisch auf dem Laufenden. Das ist die Hauptquelle Ihrer Ideen, zumal man selten vorher weiß, was Wichtiges passiert.
- Bleiben Sie politisch ausgewogen. Denken Sie daran, dass nicht jeder die gleichen Ansichten vertritt wie Sie.
- Lernen Sie schnell zu zeichnen. Oft geben Zeitungsredakteure nur ein paar Stunden Zeit für eine Karikatur!
- Politische Karikaturen werden selten farbig ausgeführt. Sie sind meist Schwarzweiß, damit sie in der Zeitung schneller reproduziert werden können.

Werbe- und Verpackungsillustration

Die Arbeit für eine Werbeagentur kann für Sie einer der lukrativsten Wege sein, Ihre Fähigkeiten als Zeichner unter Beweis zu stellen. Allerdings gibt es dabei oft knappe Termine und viele Änderungswünsche, ehe der Kunde zufrieden ist.

Meist beginnen Werbeaufträge mit einem Briefing (einer Reihe von Unterlagen und Ideen), in dem die Firma ihre Wünsche darlegt. Das gilt gleichermaßen für eine ganzseitige Anzeige, Plakatwerbung, Verpackung, einen Werbespot oder eine Kombination aus allem. Das Produkt wird erläutert sowie eine Beschreibung des Zielpublikums und weitere wichtige Informationen gegeben.

Sehen Sie Zeichnung und Design im Kontext ...

▶ Groß, grell, kühn

Diese Anzeige für ein Computerspiel wendet sich an die Jugend, daher die grellen Farben und die flotte Grafik. Sie drückt Schnelligkeit und Aufregung aus, gemischt mit dem frechen Element in dem Wortspiel „Safe Cyberdeks". Sie wurde auf einem Computer mit Software von Adobe Illustrator gefertigt.

Es ist ungeheuer wichtig, sich genau ans Briefing zu halten. Wenn etwas mit niedlichen, kuschligen Häschen verlangt wird und Sie Elefanten zeichnen, wird der Kunde nicht zufrieden sein – und Sie werden nicht bezahlt!

Vermutlich müssen Sie mehrere Rohentwürfe vorlegen, ehe ein Vorschlag akzeptiert wird. Sicher erwartet man auch, dass Sie Ihre Zeichnungen erläutern – also üben Sie die Präsentation Ihrer Arbeit. Ist der Rohentwurf genehmigt (möglicherweise mit Änderungswünschen), können Sie mit der Reinzeichnung beginnen. Wundern Sie sich aber nicht, wenn der Kunde an diesem Punkt eine Kehrtwendung macht und weitere Änderungen oder einen Neuanfang wünscht – so ist eben die Werbebranche!

... Erfüllen sie den gewünschten Zweck?

SIEHE AUCH
Anlegen einer Ideenbank 78
Vektorenbilder 116
Entwurf von Trickfilmfiguren 142

Oft bittet der Artdirector oder der Kunde um Änderungen an den Rohentwürfen.

Hier ist der Entwurf für eine neue Currypulver-Verpackung. Beachten Sie, dass die gewünschten Änderungen eher minimal sind.

Die gewünschten Änderungen sind ausgeführt und der Entwurf ist endgültig.

Ihre **Zeichnungen** müssen sofort **ins Auge stechen** und genug Information vermitteln, um einen **Passanten in Sekundenschnelle anzusprechen.**

◄ Alles in Schaum

Bedenken Sie, dass Ihre Entwürfe Teil eines größeren Konzepts sind. Dehnen Sie also Ihre Sichtweise aus. Diese ganzseitige Anzeige war Teil einer Kampagne, bei der „Cool Jules" in einer Reihe von Animationen verwendet wurde.

► Tony Tiger und der Rest der Bande

Cartoonfiguren auf Cornflakesschachteln, Kartoffelchiptüten, Schokoladenverpackung usw. sind heute weit verbreitet und so konzipiert, dass sie Kindern gefallen. Sie beleben auch eine Verpackung, die ohne sie trostlos aussähe.

Und nun Sie ...

- Die Goldene Regel lautet: Befolgen Sie das Briefing!
- Bereiten Sie viele Ideen vor und machen Sie eine Reihe von Skizzen. Der Kunde wird eine möglichst große Auswahl haben wollen.
- Ärgern Sie sich nicht, wenn Ideen verworfen werden. Der Kunde zahlt, also geben Sie Ihr Geltungsbedürfnis an der Türe ab.
- Schauen Sie sich andere Anzeigen und Verpackungen mit Karikaturen genau an. Was macht sie erfolgreich?
- Entwerfen Sie Figuren für ein Frühstücksflocken-Produkt namens „Schokohüllen-Zuckerbomben."

Buchillustration

Diese Art der Illustration ist eine der ältesten im Verlagswesen. Sie soll Titelseiten aufwerten und Buchseiten für Erwachsene und Kinder verschönern.

Wenn Sie eine Karikatur für einen Buchtitel entwerfen, ist es unerlässlich, das Briefing des Redakteurs zu studieren. Dazu gehört in der Regel ein Exemplar des Buches oder eine kurze Inhaltsbeschreibung, damit Sie ein Gespür für das Buch bekommen. Planen Sie ein zugkräftiges Bild als Blickfang: Denken Sie daran, dass der Titel im Regal neben Hunderten anderer Bücher auffallen soll. Der Redakteur wird mehrere Rohentwürfe mit verschiedenen Konzepten und Designs erwarten, ehe er sich endgültig für eine Fassung entscheidet, die Sie dann ausarbeiten.

Während Karikaturen bei Taschenbüchern für Erwachsene in der Regel nur auf den Umschlägen erscheinen, werden Kinderbücher häufig auch im Inneren bebildert. Man unterscheidet zwei Typen von Illustrationen. Zum einen gibt es das großformatige Bilderbuch mit großen Bildern und wenig Text. Es entsteht meist in Zusammenarbeit mit dem Verfasser, der oft eine klare Vorstellung hat, was er will, oft aber auch auf die Inspiration des Zeichners angewiesen ist. Die meisten dieser Bilder sind farbig. Der zweite Typ findet sich meist in Taschenbüchern, in denen die Illustrationen bestimmte Textstellen hervorheben sollen.

▶ Worte und Bilder

Aufgabe des Zeichners ist es, das Buch zu lesen und die geeignetste und visuell interessanteste Textstelle klar zu verdeutlichen. In dieser Zeichnung von Chris Riddell aus Dakota of the White Flats, *passen Illustration und Text sehr gut zueinander.*

Dakota took a couple of cabbages and started to put them on the vegetable section of the stall.

Pat bent down to pick up a handful of cabbages as well. As she did so a book fell out of her overall pocket.

It was the latest Lassitter Peach novel.

'Oh dear,' said Pat, brushing the book clean. 'Mustn't get it dirty. This is one of his best. Has your mum read this one, Dakota?'

ARBEITEN MIT DER REDAKTION

Unten steht die Beschreibung einer Figur aus einem Kinderbuch. Der Zeichner muss sie lesen und für die Redaktion Entwürfe anfertigen. Sie sind hier mit den Kommentaren des Redakteurs abgebildet.

„Der Professor war ein seltsamer Mann mit Glatze, Brille und schmalen Lippen. Er trug einen Kittel mit langen, dünnen Ärmeln, aus denen große Gummihandschuhe herausschauten. Er drehte sich um, starrte Oscar an, hob ein Glas mit schäumender grüner Flüssigkeit und schnitt eine Grimasse."

Das Gesicht ist gut, aber nicht bedrohlich genug! Auch könnten die Handschuhe größer sein.

Nette Atmosphäre, aber es muss mehr vom Körper des Professors zu sehen sein. Behalten Sie die langen Arme der ersten Skizze bei.

Perfekt! Der zusätzliche Buckel und der Mund gefallen mir. Die Handschuhe stimmen auch!

SIEHE AUCH
Cartoontexte **52**
Farbe und Tonwert **100**

◀ Leerstellen

Hier ist ein gutes Beispiel aus einem Bilderbuch für Kinder, das Text und Bild kombiniert. Beachten Sie, dass der Zeichner im Bild genug Platz für den Text gelassen hat.

Die Buchillustration kann den Text so aufwerten, dass beides harmonisch zusammenpasst ...

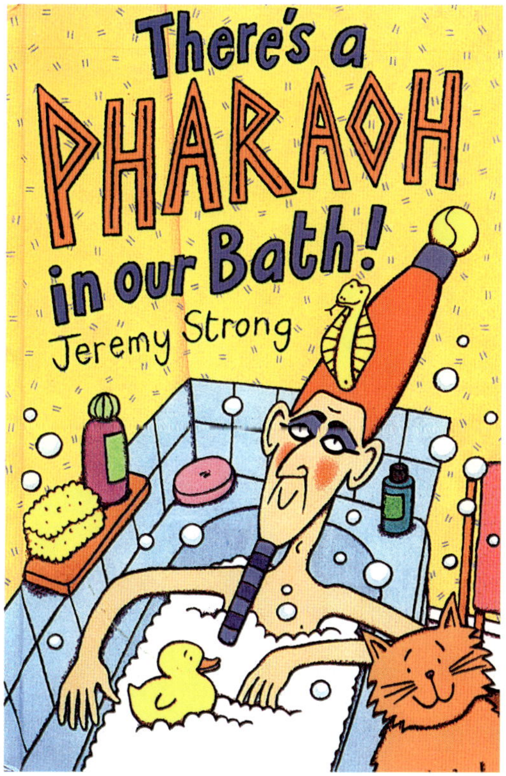

▶ Buchumschläge

Dieses Titelbild von Nick Sharratt berücksichtigt alle wichtigen Regeln: Ein starker Blickfang in der Mitte, darüber viel „Freiraum", in den der Verleger den Titel und den Namen des Autors setzen lassen kann. Das Letzte, was Sie möchten, ist doch, dass Ihre Zeichnung hinter einem wichtigen Text verschwindet.

Und nun Sie ...

- Üben Sie Rohentwürfe in Farbe und Schwarzweiß für die Titel verschiedener Bücher, die Sie kennen. Überlegen Sie Bildaufbau und Farbkombination.
- Schauen Sie sich viele Kinderbücher an und analysieren Sie, wie Zeichner und Autor Text und Bild miteinander kombiniert haben.

... vorausgesetzt, Zeichner, Autor und Redaktion arbeiten wie ein gut eingespieltes Team.

Zeitschriftenillustration

Die Illustration für Zeitschriften ähnelt der Buchillustration. Der wesentliche Unterschied liegt darin, dass jeweils nur einzelne Artikel zu illustrieren sind, aber selten ein ganzes Heft. Denn in Zeitschriften gibt es meist mehrere Zeichenstile, oft sogar auf einer Seite.

Normalerweise erhalten Sie von der Redaktion ein Briefing (zusammen mit Angaben zur Spaltenbreite und einem verbindlichen Termin) sowie im Idealfall den Artikel zum Lesen. Sie können diesem Verschiedenes entnehmen. Soll die Illustration ein ganzseitiges Aufmacherbild sein, wird das Thema des Artikels oder der Titel der Ausgangspunkt Ihrer grafischen Ideen. Sollen Sie aber eine Reihe kleinerer Zeichnungen anfertigen, müssen Sie den Artikel genau lesen und einige spezielle Aspekte als Illustration herausarbeiten. Manchmal stellen Redaktionen vergrößerte Textpassagen ergänzend neben Illustrationen.

Wenn Sie Textpassagen ausgewählt haben, die Sie illustrieren wollen, müssen Sie der Redaktion eine Reihe von Scribbles mit möglichst vielen Alternativen schicken. Erhalten Sie grünes Licht, können Sie die ausgewählten Illustrationen fertig stellen.

Zeitschriften verwenden **Illustrationen** auf dem **Titelblatt oder im Innenteil.** Auf dem Titel können sie zum **besonderen Blickfang** werden.

IDEEN EINREICHEN

In der Regel erhält die Redaktion mehrere Entwürfe und entscheidet dann, welcher am besten zum Artikel passt. Hier sind drei Ideen zur Illustration eines Artikels über BSE (Rinderwahnsinn) in England und Frankreich. Die beiden ersten werden als zu klischeehaft abgelehnt, aber die dritte wird genommen, da sie das Kuhmotiv beibehält, aber Aspekte der aktuellen Diskussion visualisiert. Die Skizze wird dann in Farbe reingezeichnet, in einen Computer eingescannt und ins Layout der Zeitschrift eingefügt.

SIEHE AUCH
Zeichnen nach Vorlagen **80**
Farbe und Tonwert **100**
Buchillustration **138**

◀ Die Pointe illustrieren

Selbst der kürzeste Artikel kann von einer Illustration profitieren, weil sie das Auge sofort auf die Seite lenkt. Beachten Sie, wie sich der Text im Formsatz an die Zeichnung anpasst.

Eine zum Artikel und den Illustrationen passende Schrifttype wird ausgewählt.

Anreißer für diesen Artikel ist eine witzige Karikatur.

Der Fond wird durch ein grafisches Element aufgelockert.

Die Zeichnung eines anderen Zeichners gibt der Seite mehr Gleichgewicht.

Und nun Sie ...

- Sehen Sie sich einen Zeitschriftenartikel an, der nicht illustriert wurde, wählen Sie eine Textpassage aus und fertigen Sie dafür drei Zeichnungen an.
- Üben Sie den Umgang mit der Farbe. Die meisten Zeitschriften ziehen farbige Illustrationen vor und verwenden kaum Schwarzweißbilder. Außerdem wird für farbige Zeichnungen mehr bezahlt.
- Denken sie an das Seitenlayout, bevor Sie zu zeichnen beginnen. Wie passt die Zeichnung hinein? Das ist zwar normalerweise Sache der Redaktion, aber sagen Sie ruhig, wenn Sie dazu eine gute Idee haben.

◀ Zeitschriftenlayout

Diese Zeichnungen von David Lyttleton sind ganzseitige Illustrationen zum Einstieg in einzelne Themenbereiche der Zeitschrift. Sie sind für das Inhaltsverzeichnis beschnitten und verkleinert worden. Oft werden Bilder in Zeitschriften so für Hintergründe und interessante Designs bearbeitet.

Entwurf von Trickfilmfiguren

Es bereitet große Befriedigung, wenn die eigenen Zeichnungen zu laufen beginnen. Daher begeben sich Comiczeichner und Cartoonisten gern in die Welt des Trickfilms.

Der wichtigste Teil eines Trickfilmprojekts ist der Entwurf der Figuren. Ohne Entwürfe könnten die Animatoren kaum einen einheitlichen Look im Verlauf des gesamten Trickfilms erzielen. Alle Trickfilmstudios beschäftigen Zeichner, die zu diesem Zweck viele verschiedene Zeichnungen der Hauptfiguren anfertigen.

Das Modellblatt zeigt sowohl die genauen Proportionen jeder Figur in Beziehung zu den anderen als auch die Figur aus jedem Blickwinkel. Es fungiert als Blaupause für alle weiteren Arbeiten an diesem Projekt und wird wahrscheinlich mehrfach überarbeitet, bis die Produzenten und der Regisseur zufrieden sind.

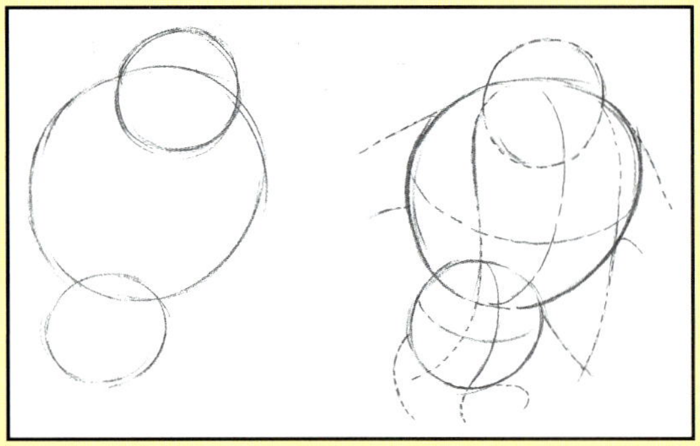

▲ Erste Skizzen

Die ersten Ideen können grobe Skizzen, Kostümentwürfe, Körperformen oder Sonstiges sein. Körperformen werden aus einfachen Mustern wie Ovalen, Rechtecken oder Kreisen erstellt. Am Beispiel zweier Zeichnungen von Preston Blair lässt sich das ganz gut sehen.

▼ Proportionale Darstellung

***Um ein Modellblatt zu entwerfen, müssen Sie die Proportionen der Figur von jeder Seite korrekt darstellen. Dabei helfen waagrechte Linien, die bestimmte Charakteristika der Figur in jeder Position verbinden. Denken Sie an die Übungen zum Figurenzeichnen (Seiten 26–27). Hier sehen Sie ein Beispiel aus der Trickfilmserie* Batman.**

SIEHE AUCH

Figuren **26**

Ausdrucksstarke Gesichter **34**

Ausdrucksstarke Figuren **36**

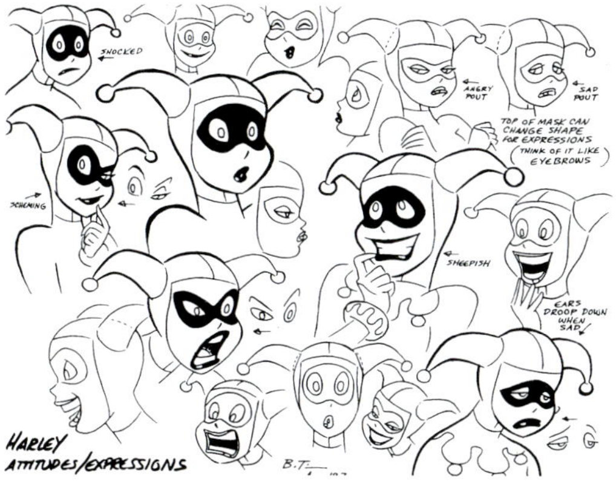

◀ Ausdrucksstarke Entwürfe

Der nächste Schritt beim Entwerfen der Figuren ist es, Gesichter und Körperhaltungen genauer unter die Lupe zu nehmen. Üben Sie nach der Methode, die in den Kapiteln über ausdrucksstarke Figuren und Gesichter (Seiten 34–37) gezeigt wird, um diesen Aspekt zu beherrschen. Sie müssen in der Lage sein, möglichst viele Gefühle auszudrücken.

Und nun Sie ...

- Üben Sie, die gleiche Person oder Figur von verschiedenen Seiten zu zeichnen.
- Arbeiten Sie an ausdrucksstarken Figuren und Gesichtern.
- Erarbeiten Sie sich ein Repertoire an Bewegungen, Blickwinkeln und Posen für Tiere, Autos, Züge usw.
- Denken Sie daran, dass es beim Trickfilm um Bewegung geht. Sorgen Sie also bei Ihren Zeichnungen für fließende Bewegungen.

Zeichentrickfilm ist Teamarbeit. Ihre Entwürfe werden immer wieder geändert, bevor eine endgültige Fassung vorliegt.

Ein wesentlicher Teil der Entwürfe ist, wie sich die Figur bewegt. Sie können sich ausdenken, wie eine Figur geht, läuft, kriecht oder schlittert, indem Sie mehrere „Schnappschüsse" für jeden einzelnen Schritt zeichnen.

Mit jedem Schritt beginnt ein Zyklus. Erst hebt und senkt sich der rechte Fuß, anschließend der linke.

In einer guten Studienzeichnung wie dieser lassen sich Stimmung und Persönlichkeit der Figur auch an der Bewegung und Haltung ablesen.

Während Sie sich auf die Beine konzentrieren, dürfen Sie die Bewegung des übrigen Körpers nicht vernachlässigen. Kaum jemand geht so steif, dass etwa die Arme nicht schwingen

Ein guter Trick, um sich den Rhythmus des bewegten Körpers zu vergegenwärtigen, sind Wellenlinien durch markante Punkte (Hüfte, Schulter Kopf usw.). Das hilft, ruckartige Bewegungen zu vermeiden.

Modellieren von Computerspiel-Figuren

Die Welt der Computerspiele ist ständig in Bewegung. Die Planer sind unentwegt auf der Suche nach guten 2-D- und 3-D-Zeichnern, die neue Figuren gestalten und sie in bewegte, sprechende Actionhelden verwandeln.

Am Anfang ähnelt die Arbeit an einer 2-D-Zeichnung für ein Computerspiel (die im traditionellen Stil ohne Computer hergestellt wird) dem Entwurf von Trickfilmfiguren. In beiden Fällen müssen viele Einzelposen der Figur entwickelt werden. Der Unterschied ergibt sich, wenn der Spieleprogrammierer den zu schaffenden Figurentyp in Relation zur Mechanik des Spiels setzen muss.

Der 3-D-Zeichner übernimmt die Entwürfe und fertigt eine dreidimensionale „Skizze" auf dem Computer mithilfe eines Modellierprogramms wie etwa Poser an. So bekommen die Programmierer einen besseren Eindruck davon, wie die Figur aussieht und sich bewegt.

Auch die im Spiel verwendete Grafik muss berücksichtigt werden. Sprites sind Bilder, die sich aus Tausenden von kleinen Punkten oder Quadraten (jedes einzelne ein Sprite) zusammensetzen. Sie werden in Spielen auf dem GameBoy verwendet. Häufiger werden Polygone verwendet. Das sind größere Flächen, die sich schneiden, um zusammen eine dreidimensionale Figur zu ergeben, wie sie bei Computerspielen und Spielekonsolen wie Playstation und Nintendo 64 verwendet werden. Der 3-D-Künstler muss sich zwischen zwei Alternativen entscheiden: Soll er einem komplexen, detaillierten Entwurf, der schön aussieht, sich im Spiel aber nur langsam bewegt, den Vorzug geben oder einem etwas einfacheren Design, das sich flüssiger bewegt und weniger Arbeitsspeicher im Computer beansprucht?

◄ Multitask-Held

Der Entwurf für Crash Bandicoot verlangte, dass die Figur springen, laufen, schwimmen, und sich schnell drehen konnte sowie auch sonst beweglich sein musste. Wären Sie der Designer, müssten Sie viele Ansichten der Figur in Bewegung liefern. Man nennt dies auch ein Posenrepertoire anlegen.

Figurenentwürfe für Computerspiele müssen nicht nur visuell ansprechend, sondern auch funktionell sein.

► Das Original der „virtuellen Lady"

Eine der berühmtesten Computerfiguren, die je (nach dem Igel Sonic *und nach* Mario*) geschaffen wurde, ist zweifelsohne Lara Croft aus der Spielereihe* Tomb Raider.

SIEHE AUCH
3-D-Modellieren **120**
Entwurf von Trickfilmfiguren **142**

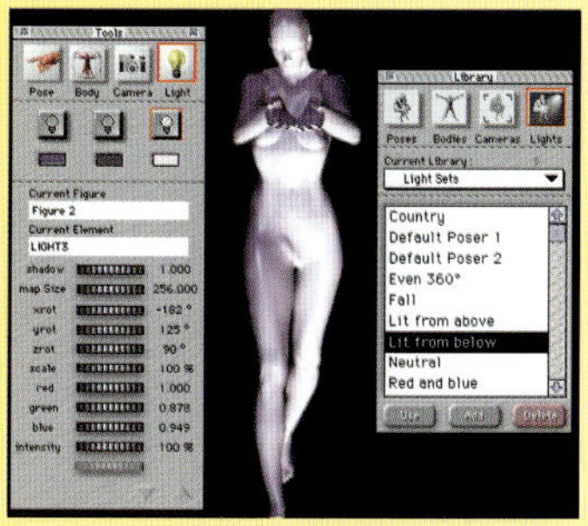

1. Wenn Sie mit der Poser-Software eine einfache 3-D-Figur entwerfen, müssen Sie erst die Grundfigur durch die Wahl einer Pose vorgeben und dann entscheiden, wie sie beleuchtet werden soll.

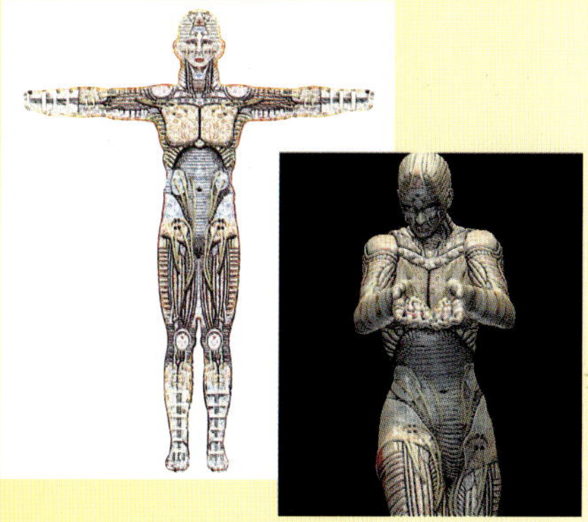

2. Nehmen Sie danach Ihre 2-D-Zeichnungen und Texturen und „wickeln" Sie sie um die 3-D-Figur. So entsteht die endgültige Figur.

3. Fügen Sie abschließend einen Hintergrund hinzu, dann sind Figur und Ambiente komplett. Dieses Bild könnte als einfache Konzeptzeichnung oder sogar auf der Verpackung des fertigen Spiels verwendet werden.

Eine Figur muss ihren Körper so bewegen können, wie es das Spiel erfordert.

◀ **Von der Skizze zum Bildschirm**

Das größere Bild ist ein Konzeptentwurf des Helden, das kleine Bild zeigt, wie der Held auf dem Bildschirm aussieht. Beachten Sie, wie vereinfacht die endgültige Version ist, damit sich die Figur flüssig bewegt.

Und nun Sie ...

- Sehen Sie sich verschiedene Computerspiele an und achten Sie darauf, wie sich die Figuren bewegen. Beachten Sie, wo Polygone aufbrechen und Sie durch eine Figur sehen können. Das gibt Ihnen einen Eindruck davon, wie die Figur entworfen wurde.
- Üben Sie mit der Poser-Software Musterfiguren zu gestalten
- Entwerfen Sie drei Figuren (Held/Heldin, Schurke, Kumpel) für ein Spiel namens „Größter Hüpfwettbewerb von Papa Bär und Familie" für 11- bis 15-jährige.

Selbstverlag

Sollten Ihre Arbeiten trotz bester Anstrengungen nicht von den großen Comicverlagen, in Zeitschriften oder Zeitungen veröffentlicht werden, was dann? Eine Alternative ist es, selbst Verleger zu werden.

Obwohl das Unternehmen waghalsig und sehr teuer klingt, muss es weder schwierig noch kostspielig sein. Seit man überall günstig fotokopieren kann und es zahlreiche Sofortdruckereien gibt, kann man schon für rund 30 Euro seine eigenen Comics herausbringen.

Zunächst einmal müssen Sie sich für das Format Ihres Comics entscheiden. Sie könnten zum Beispiel ein kleines Heft mit einigen Seiten im Format 210 x 148 mm in Schwarzweiß-Fotokopie anfertigen oder, wenn Sie genügend Geld zur Verfügung haben, auch einen ganzfarbigen Comicroman mit mehreren hundert Seiten drucken lassen. Die Heftgröße hängt davon ab, was Sie zeichnen. Eine Sammlung von Zeitungsstrips könnte im Querformat präsentiert werden, während ein traditionelles Comicheft eher im Format 297 x 210 mm (DIN A 4) sinnvoll wäre.

Am wichtigsten ist der letzte Schritt, der Vertrieb. Sie können Ihre Publikationen verschenken, an Freunde oder Verwandte verkaufen oder sogar Comicläden und Buchhandlungen beliefern – in manchen werden selbstverlegte Comics auf Provisionsbasis verkauft. Es kann zwar einige Zeit dauern, aber immerhin wissen Sie, Ihre Comics könnten gekauft werden. Es gibt viele Gruppen, die kleinen Selbstverlagen helfen. Einige davon finden Sie im Kapitel „Cartoon Connections“ auf den Seiten 154–155.

EIN MINI-COMIC ENTSTEHT

1. Ein Mini-Comic ist schnell gemacht. Nehmen Sie ein DIN-A4-Blatt (297 x 210 mm), das Sie dreimal zur Hälfte falten, bis Sie ein kleines Heft von 16 Seiten in Händen halten.

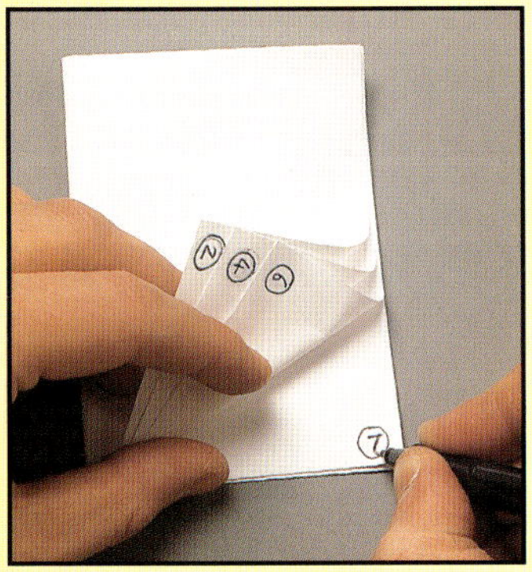

2. Notieren Sie auf jeder Seite unten mit Bleistift die Seitenzahl und entfalten Sie es wieder.

3. Zeichnen Sie jetzt Ihren Comic auf die Vorder- und Rückseiten in der Reihenfolge der Seitenzahlen und machen Sie danach eine beidseitige Fotokopie des Blattes.

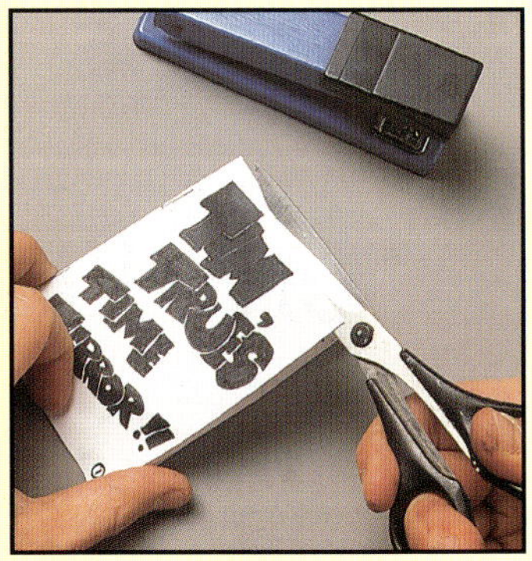

4. Nehmen Sie die Kopie, falten Sie sie wie das Original, klammern Sie sie in der Mitte zusammen und schneiden Sie die Faltkanten auf. Schon ist Ihr Comic fertig.

SIEHE AUCH
Der Arbeitsplatz **16**
Papiersorten **84**
Cartoon Connections **154**

▲ Wählen Sie

Selbstverlegte Comics gibt es in den verschiedensten Größen und Formaten, in Schwarzweiß oder in Farbe, je nach den finanziellen Möglichkeiten.

Und nun Sie ...

- Wählen Sie das richtige Format für die Zeichnungen und kalkulieren Sie Ihr Budget.
- Versuchen Sie einen günstigen oder kostenfreien Kopierer zu finden, wenn Ihr Etat eng begrenzt ist.
- Denken Sie daran: Einige der besten Comiczeichner haben so begonnen. Es ist eine großartige Sache, seine Zeichnungen wie in einer Mini-Arbeitsmappe zu präsentieren.

Vorteil des Selbstverlags ist, dass man die **totale Kontrolle** hat, vom **Zeichnen** über das **redaktionelle Konzept** und **den Druck** bis hin zum **Vertrieb.**

► Macht der Masse

Vielleicht wollen Sie mit anderen Zeichnern gemeinsam ein Anthologieheft veröffentlichen. Vorteile: Sie haben eine umfangreiche Publikation mit einem breiteren Inhaltsspektrum und Sie können die Produktionskosten teilen.

Reprografie

Sie sollten wissen, was in der Reproanstalt und beim Drucker mit Ihren Zeichnungen passiert, denn Sie wollen sicher ihre Arbeit originalgetreu gedruckt sehen. Einige Grundkenntnisse in der Reprografie können dazu beitragen, den Schock zu vermeiden, den Sie vielleicht bei der ersten Ansicht der gedruckten Zeichnungen empfinden. Diese Kenntnisse machen Sie auch bei den Verlegern beliebt als jemand, der Bescheid weiß.

In der Hauptsache gibt es heute zwei Farbbmodelle – RGB (für Rot-Grün-Blau) oder CMYK (für Cyan-Magenta-Yellow-Black). Die Unterschiede der Modelle ergeben sich aus der Farbtheorie: Es gibt drei Primärfarben. Wie sie sich mischen, so erzeugen sie die meisten Farben des sichtbaren Spektrums. Das RGB-Farbmodell ist additiv: Wenn man die drei Primärfarben mischt, erhält man Weiß. Umgekehrt ergibt das Fehlen der Primärfarben Schwarz. Dieses Modell wird an Computerbildschirmen und beim Fernsehen verwendet. Beim CMYK-Modell, einem subtraktiven Modell für den Papierdruck, werden die drei Primärfarben gemischt, um Schwarz zu erzielen. Das kommt daher, weil CMYK die spiegelbildliche Entsprechung zu RGB ist und den Vierfarbdruck beschreibt. (Wenn weißes Licht auf Cyan trifft, werden alle anderen Farben verschluckt, sodass Sie nur noch Cyan sehen.) Da CMYK die Farben spiegelt, ist die Anzahl der druckbaren Farben geringer als die der sichtbaren. Deshalb sollten Sie Ihre Zeichnungen am Computer im CMYK-Modus kolorieren. Wenn Sie sie im RGB-Modus färben, werden sie dunkler oder im Druck sogar völlig anders.

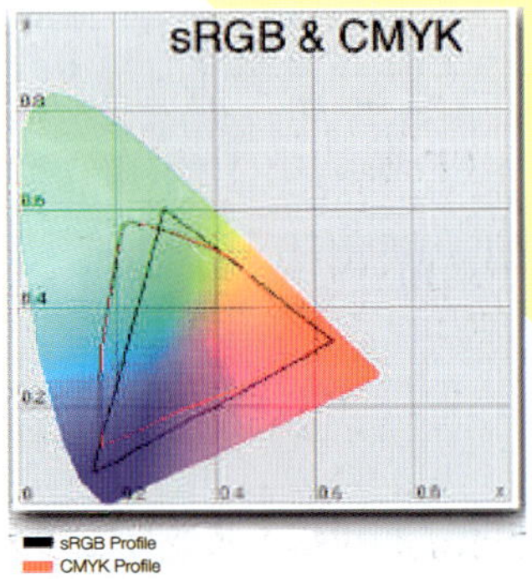

Beim Vergleich des RGB- und CMYK-Bereichs sehen wir, was für ein kleines Farbsegment für den Druck zur Verfügung steht.

Wenn wir Fotos betrachten, sehen unsere Augen die unterschiedlichen Farben oder Grautöne als nahtlosen Farbverlauf ohne Abstufungen nach Farbton oder Schattierung. Leider kann das keine Druckerpresse – und kein an den Computer angeschlossener Drucker – nachahmen, aber nicht nur aus den zuvor genannten Gründen. Beim Farbdruck werden die Farben einzeln gedruckt, denn Druckfarbe ist klebrig und nur teilweise transparent. Man kann Cyan, Magenta, Gelb und Schwarz drucken, aber nicht die subtilen Farbübergänge dazwischen. Wenn man das alles bedenkt – wie sind dann Zwischentöne möglich? Die Antwort liegt im Halbton. Im 19. Jahrhundert fanden Lithografen heraus, wie man Farbabstufungen erzeugt, indem man die Farben in viele kleine Rasterpunkte zerlegt. Je kleiner und weiter voneinander entfernt die Punkte liegen, desto heller ist die Farbe.

▼ RGB-Modell

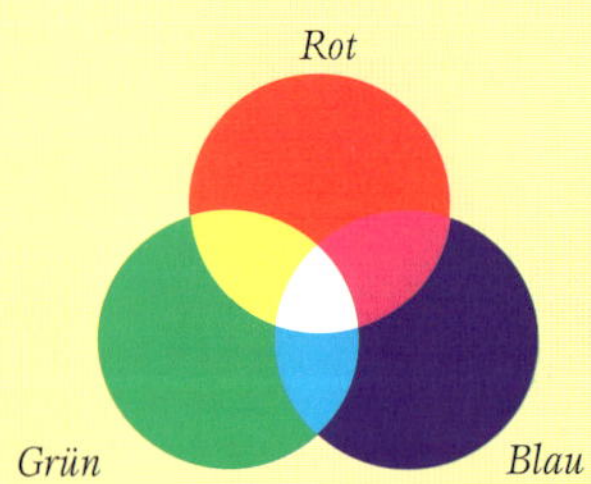

▼ CYMK-Modell

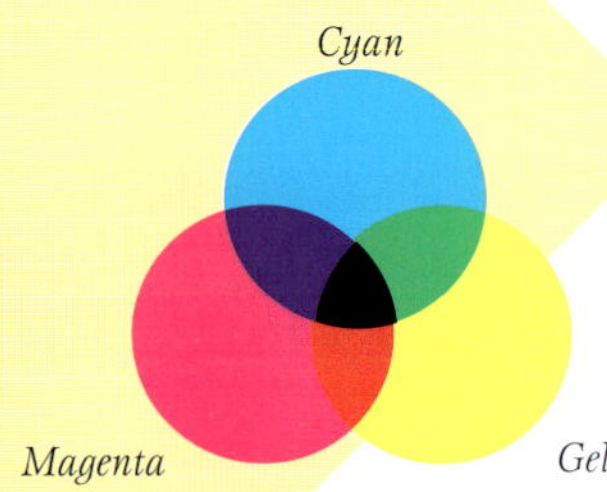

Das RGB-Modell links findet seine Anwendung bei Computerbildschirmen und beim Fernsehen. Es eignet sich daher auch ideal für Websites.

Das CMYK-Modell rechts wird beim Druck auf Papier eingesetzt, also bei Büchern, Zeitschriften, Plakaten usw. Im Druck wird neben diesen drei Farben noch als vierte Farbe Schwarz verwendet, abgekürzt als K (das K steht für Key color, Schlüsselfarbe, bzw. für das k in black), daher spricht man auch vom Vierfarbdruck. Es entsteht ein farbiges Bild, indem die Druckfarben nacheinander auf das durch die Druckerpresse laufende Papier aufgebracht werden. Das Problem des schichtweisen Farbauftrags wird durch das Auflösen jeder Farbe in Halbtöne bzw. Rasterpunkte gelöst. Ein farbiges Bild setzt sich so aus vier Halbtönen, ein Halbton für jede Druckfarbe, zusammen.

SIEHE AUCH
Farbe und Tonwert **100**
Scannen **114**
Bildbearbeitung **122**

RASTERPUNKTE

Sie sollten immer die Zeilenfrequenz berücksichtigen, in der Ihre Arbeit gedruckt wird, und Ihre Originale entsprechend der Rasterung beim Druck einscannen. Die Rasterung sollte nicht größer sein als das Eineinhalbfache der Rasterfrequenz. Das heißt, bei einem Halbton- bzw. Autotypieraster von 150 lpi (lines per inch, Zeilen pro Zoll), sollte Ihre Auflösung nicht über 300 dpi (dots per inch, Punkte bzw. Pixel pro Zoll) liegen. Die Scanauflösung sollte das Eineinhalbfache der Rasterauflösung betragen, also dpi = lpi x 1,5.

Halbtöne werden aus Punkten in einem Raster zusammengesetzt. Oft sind es zum Zählen zu viele Punkte, daher zählt man im Fadenzähler nur die Zahl der Punktreihen pro Zoll oder Zentimeter. Man nennt das auch die Halbtonfrequenz, die in Zeilen pro Zoll (lines per inch oder abgekürzt lpi) angegeben wird.

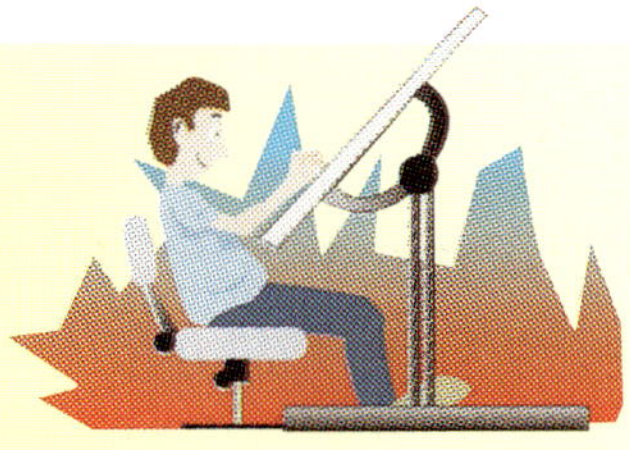

85 lpi

175 lpi

Je weniger Zeilen, desto grober das Raster – d.h. die einzelnen Punkte sind größer und deutlicher sichtbar. Das Auge lässt sich bei zu geringer Auflösung nicht so leicht einen Farbverlauf vortäuschen.

Und nun Sie ...

- Suchen Sie im Telefonbuch Drucker oder Reproanstalten in Ihrer Nähe heraus. Rufen Sie an und fragen Sie, ob Sie den Betrieb besichtigen können. Die meisten Firmen werden das gerne gestatten
- Suchen Sie in einer Bibliothek Bücher über Druckprozesse (einige stehen im Literaturverzeichnis, Seite 154–155).
- Durchforsten Sie das Internet nach Artikeln über Reprografie. Sie werden dort viele Beiträge finden.

▼ Andrucke prüfen

Zum Korrekturlesen druckt die Reproanstalt den so genannten Andruck oder Korrekturbogen, den Sie auf Fehler hin durchsehen müssen. Es gibt Andrucke als Computerausdruck, als Laserkopie oder als teureren, in einem fotografischen Prozess hergestellten Chromalin-Andruck. Lassen Sie sich immer einen Korrekturbogen zur Durchsicht geben. Er bietet die letzte Gelegenheit, Fehler zu beseitigen.

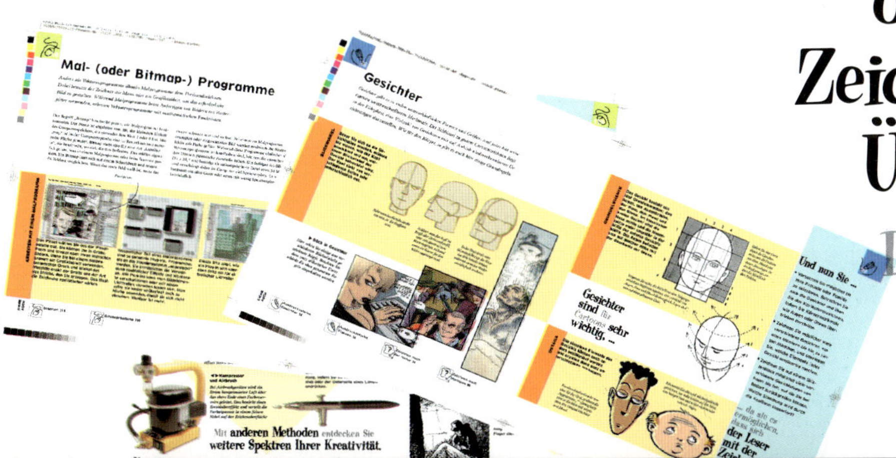

Die Kenntnis einiger Grundlagen der Reprografie hilft Ihnen, optisch attraktivere Zeichnungen abzuliefern und Überraschungen beim Druck zu vermeiden.

Publizieren im Internet

Mehr und mehr Zeichner entdecken das Internet als passendes Medium, ihre Arbeiten vorzustellen und zu verlegen. Indem sie ihre Comics und Cartoons ins Internet stellen, können sie ein potenzielles Publikum von Millionen erreichen.

Obwohl es immer leichter wird, Ihre Comics ins World Wide Web zu stellen, gilt es einiges zu beachten. Erstens ist das Internet kein Printmedium und dennoch können Sie Ihren Fans etwas zu lesen geben. Druckmedien haben normalerweise hochformatige Seiten, während Monitore querformatig sind. Zweitens brauchen Sie keine Angst vor der Farbe zu haben. Das Farbspektrum ist bei RGB (Rot, Grün, Blau – wie es Bildschirme verwenden) wesentlich vielfältiger als bei den Druckfarben von CMYK (Cyan, Magenta, Gelb, Schwarz – die Farben, die beim Druck verwendet werden). Das bedeutet, die Farben auf dem Bildschirm wirken satter und leuchtender als im Druck und die Farbe kostet nichts extra. Die Hypertextfähigkeiten des Internet bieten eine neue Möglichkeit, Ihre Zeichnungen vorzustellen – und Sie können sogar Animationen, Geräusche und interaktive Elemente einfügen, um Ihr Talent ins beste Licht zu rücken.

Das Internet hat Zeichnern neue Möglichkeiten eröffnet, ihre Arbeiten vorzustellen.

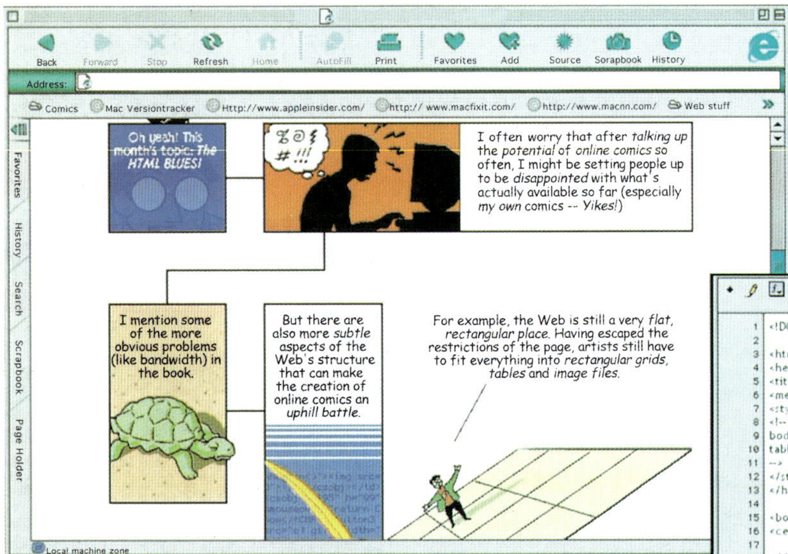

▲ Fenstergröße

Der Standard-Bildschirm ist 640 x 480, 800 x 600 oder 1024 x 768 Pixel groß. Es liegt an Ihnen, welche Größe Sie verwenden. Aber vergessen Sie nicht, dass nicht jedermann die neuesten Computer hat. Wenn Sie großformatig arbeiten, bedeutet das, dass einige durch Ihre Seiten scrollen müssen, um alles zu sehen.

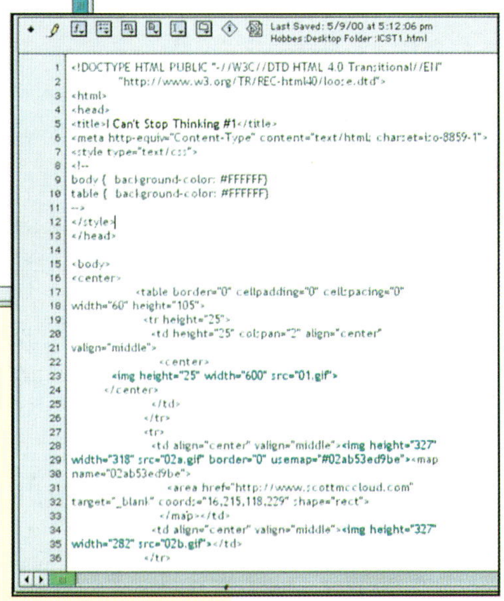

◄ Codieren per Hand

Sie brauchen Grundkenntnisse in HTML (Hypertext Markup Language), um Ihre Seiten zu erstellen. Es gibt viele gute Bücher zum Thema. Im Vergleich zu anderen Computersprachen ist HTML leicht zu erlernen. Die meisten Zeichner, die im Internet zu finden sind, erstellen den Rahmen mit HTML und setzen dann einfach ihre Zeichnungen ein.

SIEHE AUCH

Farbe und Tonwert **100**

Zeichnen mit der Maus oder dem Grafiktablett **112**

Digitale Daten speichern **124**

▶ Bilder für das Internet

Wenn Sie für Websites arbeiten, können Sie Zeichnungen scannen und in einem Malprogramm aufpeppen. Oder sie entwerfen die Zeichnungen von vornherein in einem Malprogramm. Beachten Sie unbedingt, wie lange es dauert, die Seite in den Browser zu laden: Vergeht zu viel Zeit, wird meist die Website weggeklickt.

Vorschau auf das Bildformat

Einstellung des Output

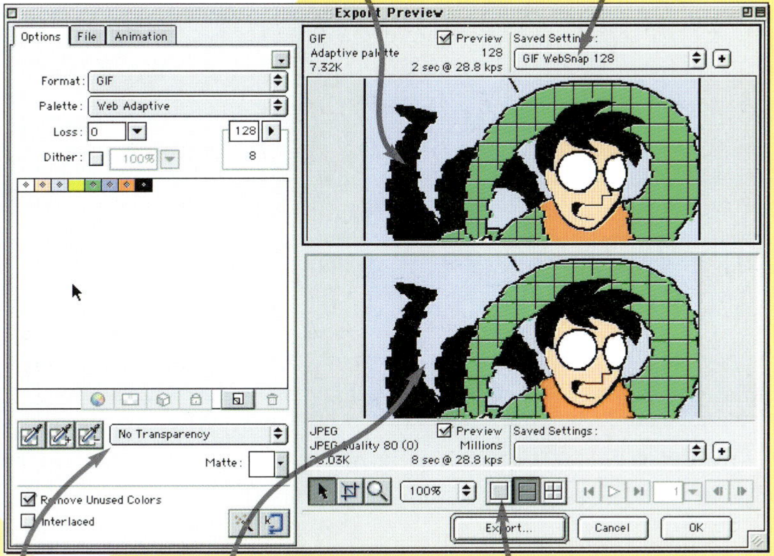

Transparenz-kontrollen

Vorschau auf ein anderes Bildformat

Einstellungen für Vorschauebenen

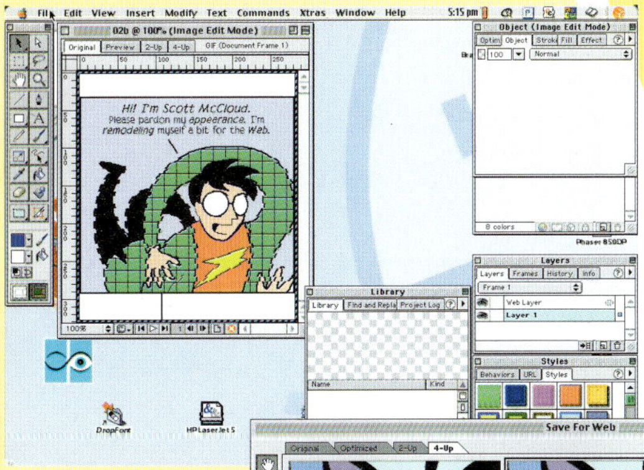

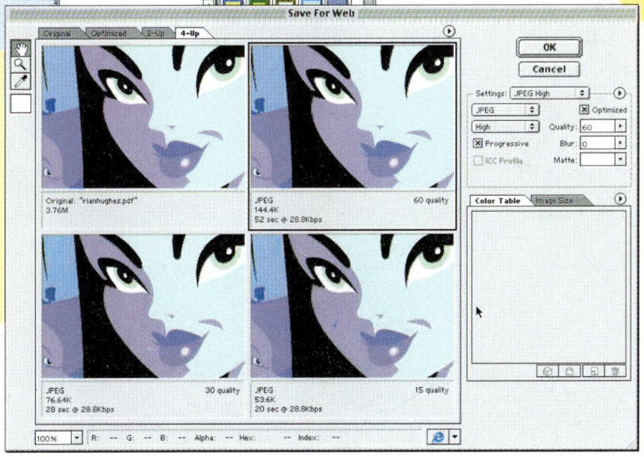

◀ GIF-Bilder

Denken Sie daran, für Ihre Bilder die richtigen Dateiformate zu verwenden. Die gebräuchlichsten Formate sind GIF and JPEG. GIFs sollten im Allgemeinen nur für Bilder mit flächigen Farben verwendet werden, weil sie leichter zu komprimieren sind (und ohnehin nur 256 Farben ermöglichen). Soll Ihr Bild transparente Bereiche haben (wo man etwa den Hintergrund durchsieht), dann ist GIF das richtige Format.

◀ JPEG-Bilder

Bilder, die mehr Fotos ähneln, weil sie viele Tonwertunterschiede haben, sollten als JPEGs gespeichert werden. Sie stellen eine größere Anzahl Farben dar und sind hervorragend für Tonwerte geeignet. Aber bei jedem Abspeichern eines JPEG verlieren Sie etwas mehr Bildinformation, also speichern Sie die Bilder besser erst ab, wenn die Bearbeitung abgeschlossen ist.

Und nun Sie ...

- Wenn Sie Zugang zum Internet haben, suchen Sie mit einer Suchmaschine Online-Cartoons und -Comics. Benutzen Sie die Quellfunktion Ihres Browsers, um zu sehen, wie die Seite aufgebaut ist.
- Sehen Sie bei Gratis-Internet-Providern nach, denn viele stellen Gratis-Platz zur Verfügung. Das ist perfekt für Zeichner, die anfangen wollen, online zu arbeiten.
- http://www.scottmccloud.com bringt viele Informationen über Online-Comics von einem Mann, der davon überzeugt ist, dass der digitalen Übermittlung von Comics die Zukunft gehört.
- Experimentieren Sie mit der Kompressionsrate von GIF und JPEG. Wann kippt die Balance zwischen einer kleinen Datei und einem brauchbaren Bild und macht das Bild unbrauchbar?
- Um Websites klein zu halten, geben Sie Ihren Bildern nur 72 dpi (Pixel pro Zoll). Die meisten Monitore können ohnehin nicht mehr darstellen.

Glossar

Airbrush
Mechanisches Malwerkzeug, das einen Farbspray produziert. Wird für Illustration, Design und Retusche verwendet.

Anleihe
Eine Zeichnung, die ein Comiczeichner bei einem anderen Zeichner gesehen und in die eigene Arbeit eingebaut hat.

Anschnitt
Teil eines Bilds, der über den Seitenrand hinausgeht.

Art(work)
Jede Art Illustration, die reproduziert werden soll. Im Unterschied zu Text.

Azetatfilm
Transparenter Film, der als Überleger für Zeichnungen verwendet wird.

Bézierkurve
In objektorientierten Zeichenanwendungen eine mathematisch definierte Kurve zwischen zwei Punkten (Bézierpunkten).

Bindung
Die Methode, nach der ein Buch oder eine Zeitschrift gebunden ist. Die zwei Hauptarten sind Klammerheftung und Lumbecken (bei dem die Seiten am Rücken geklebt werden).

Bitmap
Ein Text- oder Bildelement aus Punkten oder Pixeln in einem Gitterraster. Zusammen ergeben die Pixel – ob schwarz, weiß oder farbig – das Bild.

Blaustift
Ein Zeichenstift, der nicht radiert werden muss, weil die blaue Farbe bei der Reproduktion nicht erscheint.

Bleistiftzeichnung
Entwurf für eine Karikatur oder einen Comic, damit alle Bildelemente – Figuren, Hintergründe usw. – am richtigen Platz sind.

CD-Rom
Steht für Compact Disk – Read only memory; ein nicht-löschbares Speichermedium mit viel Speicherplatz.

CMYK
Cyan, Magenta, Yellow (Gelb) und Black (Schwarz): Farben des Vierfarbdrucks.

Copyright
Das Recht des Schöpfers eines Originals, über die Verwendung einer Arbeit zu bestimmen. Der Copyright-Inhaber ist nicht unbedingt der Besitzer des Originals, er hat auch nicht immer das weltweite Nutzungsrecht.

Datenkomprimierung
Das Verdichten einer Datei, damit sie weniger Speicherplatz benötigt und sich schneller über Telefonleitungen übermitteln lässt.

Dots per inch (dpi)
Die Maßeinheit der Bildauflösung, die ein Drucker oder Monitor hat. Je mehr dpi, desto besser die Bildqualität.

EPS
Steht für Encapsulated PostScript: Ein Computerbildformat aus Vektoren. Das sind mathematische Formen, die es ermöglichen, ein Bild ohne Qualitätsverlust zu vergrößern oder zu verkleinern.

Farbkorrektur
Eine Anpassung der Farbwerte einer Illustration, um am Farbscanner ein korrektes Resultat zu erzielen.

Fiedern
Pinselstrichführung, die Form und Grauwert andeutet. Auch das Verlaufen von Tusche auf körnigem Papier wird gelegentlich so bezeichnet.

Font
Bezeichnung für eine Schriftgarnitur oder -art. Wird hauptsächlich bei Computern so genannt.

GIF
Steht für Graphic Interchange Format und bezeichnet ein Computerbildformat, das im Internet für Bilder mit weniger als 256 Farben verwendet wird. Gut für prägnante Grafiken.

g/m^2
Gramm pro Quadratmeter – eine Maßeinheit für die Papierstärke aufgrund des Gewichts, unabhängig von der Papiergröße.

Grafiktablett
Ein Gerät, das es am Computer ermöglicht, mit einem Stift zu schreiben oder zu

zeichnen, als würde man auf Papier arbeiten.

HTML
Abkürzung für Hypertext Markup Language: Programmiersprache zum Erstellen von Websites.

JPEG
Steht für Joint Photographic Experts Group und ist ein Computerbildprogramm für Bilder mit vielen Farben oder Farbverläufen.

Kreuzschraffur
Gezeichnete Linien, die sich senkrecht schneiden und Grauwerte oder Formen erzeugen sollen.

Lasur
Eine Methode, in einem Bild Grautöne zu erzeugen, indem man mit verdünnter Tusche arbeitet.

Lettering
Handgeschriebener Text in Sprechblasen und Textkästen von Comics.

Lichttisch
Ein Kasten mit einer Glasplatte, unter der sich eine starke Lichtquelle befindet. Wird von Zeichnern benutzt, um Zeichnungen durchzupausen oder mit Tusche nachzuziehen.

Photostat
Auch Fotokopie genannt; durch direkte Belichtung des Papiers erzeugte Kopie.

PostScript
Eine weit verbreitete Computersprache, die von 95 Prozent aller Bild- und Drucksysteme verwendet wird, um Bilder und Seitenlayouts zu erstellen.

Ränder zeichnen
Mit Lineal die rechteckigen Bildränder für eine oder mehrere Zeichnungen anfertigen.

Raster
Wiedergabemodus auf Monitoren, wobei das Bild mit einem Elektronenstrahl erzeugt wird, der mit wechselnder Intensität bei sehr hoher Geschwindigkeit ein Muster von mehreren hundert parallelen Linien auf den Bildschirm wirft und so ein Bild erzeugt.

Register
Das Positionieren von zwei Teilen einer Zeichnung, damit sie exakt übereinander zu liegen kommen.

RGB
Rot, Grün, Blau: Das Farbmodell umfasst additive Farben.

Scanner
Ein elektronisches Gerät, das Zeichnungen, Fotos und Dias digitalisiert, sodass sie im Computer anschließend bearbeitet werden können.

Script
Eine Art Drehbuch für Comics, das dem Zeichner genau sagt, was in jedem Bild passiert.

TIFF
Steht für Tagged Image File Format und umschreibt eine Computerbildsprache, die meist für Seitenlayouts verwendet wird. Diese Dateien lassen sich leicht komprimieren.

Scribbles
Kleine Layoutskizzen für Comics oder Witzbilder, die manche Zeichner als ersten Schritt oder als Vorlage für die eigentliche Zeichnung anfertigen.

Stanzmarken
Kleine Linien auf dem Papier, die angeben, wo das gefaltete und gebundene Papier zu beschneiden ist.

Tuschzeichnung
Das Überzeichnen der Bleistiftlinien mit Tusche zum Anfertigen einer Reinzeichnung für den Druck.

Umbruch
Die Methode, nach der ein Drucker die Buchseiten arrangiert, damit sie beim Falten und Binden in die richtige Reihenfolge kommen.

Vektor
Ein aus Kurven gefertigtes Computerbild eines Zeichenprogramms auf Basis der PostScript-Sprache.

Zeichenkarton
Schweres Papier für das Zeichnen und Malen. Bristolkarton ist die beste Sorte Zeichenkarton.

Zipatone
Bezeichnung für Punkt- oder Strichraster zum Aufkleben oder Aufreiben. Auch als Letratone oder Benday-Raster bekannt.

Cartoon Connections

ALLGEMEINE BÜCHER ÜBER COMICS UND CARTOONING

Baetens, Jan & Lefèvre, Pascal *Pour Une Lecture Moderne de la Bande Dessinée* Centre Belge de la Bande Dessinée, 1993.

Barker, Keith, Hrsg. *Graphic Account* Library Association Youth Libraries Group, 1993.

Bongco, Mila *Reading Comics: Language, Culture, and the Concept of the Superhero in Comic Books* Garland Studies in American Popular History and Culture, Garland, 2000.

Bryant, Mark & Heneage, Simon *Dictionary of British Cartoonists and Caricaturists* Scholar Press, 1994.

Carrier, David *The Aesthetics of Comics* Pennsylvania State University Press, 2000.

Clarke, Phil & Higgs, Mike *Nostalgia About Comics* Assisted by Sue Williams. Pegasus, 1991.

Dierick, Charles & Lefèvre, Pascal, Hrsg. *Forging a New Medium: The Comic Strip in the Nineteenth Century* VUB University Press, 1998.

Douglas, Allen & Malti-Douglas, Fedwa *Arab Comic Strips: Politics of an Emerging Mass Culture* Indiana University Press, 1994.

Eisner, Will *Graphic Storytelling* Poorhouse Press, 1996.

Fuchs, Wolfgang J. & Reitberger, Reinhold *Comics-Handbuch* Rowohlt, 1978

Gaumer, Patrick & Claude Moliterni, Hrsg. *Dictionaire Mondial de la Bande Dessinée* Larousse, 1994.

Goulart, Ron *Comic Book Culture: An Illustrated History* Collectors Press, 2000.

Groensteen, Thierry *Système de la Bande Dessinée Formes Sémiotiques* Presses Universitaires de France, 1999.

Horn, Maurice, Hrsg. *The World Encyclopedia of Comics* Chelsea House, 1998.

Horn, Robert E. *Visual Language: Global Communication for the 21st Century* MacroVU, 1998.

Knigge, Andreas *Comics. Vom Massenblatt ins multimediale Abenteuer,* Rowohlt, 1996

Kunzle, David *The History of the Comic Strip: The Nineteenth Century* University Press of California, 1990.

Lent, John A. *Comic Art in Africa, Asia, Australia, and Latin America: A Comprehensive, International Bibliography* Greenwood Press, 1996.

Lent, John A. *Comic Art of Europe: An International, Comprehensive Bibliography* Greenwood Press, 1994.

McCloud, Scott *Reinventing Comics* Paradox Press-DC Comics, 2000.

McCloud, Scott *Comics richtig lesen* Carlsen Verlag, 1994.

Moliterni, Claude, Philippe Mellot & Michel Denni *Les aventures de la BD* Gallimard 1996.

Morgan, Harry & Manuel Hirtz *Le Petit Critique Illustré* PLG, 1997.

Naepel, Oliver *Auschwitz im Comic – Die Abbildung unvorstellbarer Zeitgeschichte* Münster: LIT, 1998.

Rothschild, D. Aviva *Graphic Novels: A Bibliographic Guide to Full-Length Comics* Libraries Unlimited, 1995.

Sabin, Roger *Adult Comics: An Introduction* Routledge, 1993.

Sabin, Roger *Comics, Comix, & Graphic Novels: A History of Comic Art* Phaidon, 1996.

Scott, Randall W. *The Comic Art Collection Catalog: An Author, Artist, Title, and Subject Catalog of the Comic Art Collection* Special Collections Division, Michigan State University, Greenwood Press.

BÜCHER ZUM ZEICHNEN VON COMICS UND CARTOONS

Barto, Renzo *How To Draw Cartoon Characters* Watermill Press, 1994.

Barnhart, Duane & Angie *Duane Barnhart's Cartooning Basics: Creating the Characters* Cartoon Connections Press, 1997.

Duc *L'Art de la Bande Dessinée* Glénat, 1996.

Eisner, Will *Graphic Storytelling* Poorhouse Press, 1996.

Gautier, Dick *Drawing And Cartooning 1,001 Figures In Action* Perigee, 1994.

Glasbergen, Randy *How to be a Successful Cartoonist* North Light Books, 1995.

Haines, Lurene *A Writer's Guide to the Business of Comics* Stabur Press, 1995.

Hamm, Jack *Drawing & Cartooning For Laughs* Perigee, 1990.

Hart, Christopher *Cartooning for the Beginner* Watson-Guptill Publications, 2000.

McKenzie, Alan *How to Draw and Sell…Comic Strips* Titan Books, 1998.

Mercadoocasio, Gwenn *How To Draw Comics* Longmeadow, 1994.

Muse, Ken *The Total Cartoonist* Prentice-Hall, 1985

Nordling, Lee *Your Career in the Comics* Andrews McMeel, 1995.

Notke, Bernd, *Comiczeichnen für Einsteiger,* Augustus Verlag

Schulz, Charles M. *Funny Pictures: Cartooning With Charles M. Schulz* HarperCollins, 1996.

Whitaker, Steve *The Encyclopedia of Cartooning Techniques* Headline Book Publishing, 1996.

ORGANISATIONEN

Anonima Fumetti – Italian
Cartoonists Society
Via Botero 17
10121 Turin, Italien
Tel: (0039) 011/5170147
Fax:(0039) 011/5170147
E-mail: anonima@fumetti.org *oder* anonimafumetti@tin.it

The Association of American
Editorial Cartoonists (AAEC)
4101 Lake Boone Trail
Suite 201
Raleigh NC 27607
U.S.A.
Tel: (001) 919/7875181
www.detnews.com/AAEC/AAEC.html

The Cartoon Art Trust
7 Brunswick Centre
London, UK
WC1N 1AF
E-mail: skp@escape.u-net.co.uk

Graphic Artists Guild
90 John Street
Suite 403
New York 10038
U.S.A.
Tel: (001) 800/5002672
Fax: (001) 212/7910333
www.gag.org/index.html

ICOM
Burkhard Ihme
Danneckerstr. 12
D-70182 Stuttgart
www.com-i.com.

WEBSITES

www.cartooncorner.com

www.cartoonet.com

www.cartoon-links.com

www.cartoonsforum.com

www.cartoonstock.com

cagle.slate.msn.com/hogan

www.execpc.com/ ~ mooncraz/almanac.html

www.georgetown.edu/spielmann/icaf.html

www.inkspot.com

www.lib.msu.edu/comics

library.ukc.ac.uk/cartoons

members.aol.com/chrisbrow/comic.html

www.scottmccloud.com

www.sentex.net/ ~ sardine/tool.talk.html

www.spirit.com.au/ ~ pat/

www.teleport.com/ ~ ennead/ampersand/how_to.html

www.ucc.uconn.edu/ ~ epk93002/comix.html

www.unitedmedia.com/comics/dilbert/scott/index.html

www.unitedmedia.com/ncs/ncs.html

www.telemagination.co.uk

www.zack-magazin.com

www.sentex.net/ ~ sardine/spfaq.html

Index

Bildnachweis

Quarto und die Autoren haben sich bemüht, sämtliche Urheber, Künstler und Copyright-Inhaber des in diesem Buch verwendeten Materials zu berücksichtigen. Wir bitten im Voraus um Nachsicht, falls wir jemanden vergessen oder einen Verweis falsch zugeordnet haben sollten. Bitte teilen Sie uns mit, wenn Ihnen Fehler auffallen. Wir werden die Korrekturen dann in nachfolgenden Auflagen berücksichtigen.

(Schlüssel: l links, r rechts, o oben, m mittig, u unten)

Seite 1 © Roger Langridge; Seite 2 © Colin Mier; Seite 8 Bill Watterson, Calvin & Hobbes © UFS; Seite 9*o* © Steve Bell; Seite 9*u* Charles Schulz, Peanuts © UFS; Seite 12 © Tim Pilcher; Seite 15 Ferlut, Fournier, Nicolas & Cesano, aus Le Petit Theatre de la Bande Dessinée, © The Authors; Seite 16 © Brad Brooks; Seite 22*or* Apple Computer UK; Seite 22*ul* Compaq; Seite 24 Duc L'Art de la BD © Glénat; p125*or* Compaq; Seite 25*ol* © Herge; Seite 25*u* Johan de Moor, A Mort L'Homme Vive L'Ozone, © Editions Casterman; Seites 26/27 © Roger Langridge 2000; Seite 28*o* © Roger Langridge; Seite 28*ul* Eduardo Risso/DC Comics, 100 Bullets, © 1999; Seite 28*um* Mike Parobeck and Rick Burchett/ DC Comics, Batman Dark Knight Adventures ©1993; Seite 28*ur* Francois Boucq/Catlan Communications, Billy Budd ©1991; Seite 29*o* Duc L'art de la BD © Glénat; Seite 29*u* © Roger Langridge; Seite 30 © Roger Langridge; Seite 31*o* Jamie Hewlitt and Alan Martin, Tank Girl © 1995; Seite 31*u* © Roger Langridge; Seite 32*o* Steve Whitaker, Whitto ©1991; Seite 32*lm* Roger Langridge/Peter Bagge, Girly Girl © 1999; Seite 32*um* Martin Hand, Hulk, © Marvel Comics; Seite 33*o* © Ted McKeever; Seite 33*mr* Pegotte, Spirou ©1992; Seite 33*cl* Will Elder ©1979; Seite 33*u* © Preston Blair Cartoon Animation; Seite 34*l* © Roger Langridge; Seite 34*lm* Graham Higgins, Fear © 1988; Seites 34*rm*/35*lm*/35*ur* Julio Martinez Perez © Daspastoras; Seite 34*ur*/35*ul* Mike Parobeck & Rick Burchett/DC Comics © 1993; Seite 35*or* Steve Yeowell, Zenith © 1988, Seite 35*m* © Matt Brooker; Seite 36*l* Roger Langridge © 2000; Seite 36*m* Brian Bolland © 1988; Seite 36*r* Terry Wiley © 1988; Seite 37*o* © Roger Langridge; Seite 37*ul* Brian Bolland © 1988; Seite 37*ur* Bercovici/Dupuis © 1992; Seite 38*ol* Rian Hughes © 1990; Seite 38*or* Graham Higgins © 1988; Seite 38*ul* Kyle Baker, Why I Hate Saturn © 1999; Seite 38*um* Darrick Robertson/Rodney Ramos/DC Comics © 2000; Seite 38*ur* Duncan Fegredo © Marvel 2000; Seite 39*ol* Jonathan Edwards © Aunt Connie and Plague of Beards; Seite 39*oc* Miguelanxo © Prado; Seite 39*or* Malik/Dupuis © 1992; Seite 39*ul*/39*um* © Serge Clerc; Seite 39*ur* Bercovici/Dupuis ©1992; Seite 40*ol* AnHerge/Editions, The Castafiore Emerald Casterman © 1963; Seite 40*om* Eduardo Risso/DC Comics, 100 Bullets Francois © 1999; Seite 40*or* Franquin/Editions Dupuis, Gaston © 1968; Seite 40*ul* Boucq/Catalan Communications, Billy Budd © 1991; Seite 40*m* Andrew Brandou, Howdy Partner © 1999; Seite 40*ur* De Carlo/ DC Comics © 1973; Seite 41 © Tim Pilcher 2000; Seite 42*ul* Rob Davies, Football © 1992; Seite 42*m* Bercovici/Dupuis, Nurse © 1992; Seite 42*o*/Seite 42*rm*/Seite 43*ul* Tome and Janry, Le Petiut Spirou, © Dupuis 1994; Seite 43*ol*/Seite 43*om* Tim Pilcher © 2000; Seite 43*or* Dave Gibbons, Sikh © 1988; Seite 44*um* Serge Clerc © 1982; Seite 43*ur* Hunt Emerson, Ryme of the Ancient Mariner ©1989; Seite 44*o* Hanna Barberra, Yogi Bear © 1963; Seite 44*u* Tim Pilcher © 2000; Seite 45*o*/Seite 45*ur* Johan de Moor, La Vache © Editions Casterman; Seite 45*lm* Toto L'Ornithorynque et les Predatueurs, © 1999 Guy Delcourt Productions; Seite 45*ul* La Queue du Marsuplami Franquin © Mardu Production 1987; Seite 45 © Thelwell; Seite 46 © B. Brooks; Seite 47*o* A Contract with God © Will Eisner; Seite 47*lm* Alberto Breccia, Mort Cinder © Breccia Glénat; Seite 47*rc* Alex Toth, Bravo for Adventure © Alex Toth; Seite 47*u* André Franquin, Idées Noires © Franquin; Seite 48*ul* Katsuhiro Otomo, Akira © Kodansha and Otomo; Seite 48*ur* © Vaughn Shoemaker; Seite 49*o* Bernard Krigstein, Master Race, © 1960 E.C. Productions; Seite 49*ul* Jack Kirby, The Fantastic Four © Marvel Productions; Seite 49*m* Bill Watterson, Calvin & Hobbes © UFS; Seite 50*u*/51*u* © Brad Brooks; Seite 51*o* René Goscinny/Albert Uderzo, Astérix © Editions Albert Réne; Seite 54 Alberto Breccia, Mort Cinder © Breccia; Seite 55*o* Will Eisner, The Spirit © Will Eisner; Seite 55*u* Alan Moore/Dave Gibbons, Watchmen © DC Comics; Seite 55 © Brad Brooks; Seite 58*ul* John Prentice aus *Rip Kirby* © KFS; Seite 58*or* Lacroix/ Genin aus *Yann Le Migrateur* © Glénat; Seite 59*o* Paul Gillon aus *Les Naufrages du Temps* © Humanoides Associes; Seite 59*m* Réne Goscinny/Albert Uderzo aus *Asterix* © Albert Rene; Seite 59*ur* John Higgins, World without End © John Higgins & Jamie Delano; Seite 60*ul* Tito & Varalli aus *Soledad* © Ed. Casterman; Seite 50*or* Greg & Hermann, aus *Bernard Prince* © Ed. Du Lombard; Seite 61*o* Caza, aus *Scenes de la vie de banlieue* © Ed. Dargaud; Seite 61*ur* Briggs, When the Wind Blows © Raymond Briggs; Seite 62 Dureaux aus *Pierrot Le Fou* © Glénat; Seite 63*lm* Peyo, aus *Johan et Pirlouit* © Ed. Dupuis; Seite 63*o* Tome & Janry, Spirou and Fantasio © Dupuis; Seite 63*ur*/65*ur* Breccia aus *Mort Cinder* © Glénat; Seite 64 Burne Hogarth aus *Tarzan* © ERB, UFS; Seite 64*um*/65*o* Réne Goscinny & Albert Uderzo aus *Asterix* © Ed. Albert Réne; Seite 64*or* Hugo Pratt aus *Corto Maltese* © Casterman; Seite 66*l* Marc-Antoine Mathieu © Delcourt; Seite 66*r* Jaime Hernandez aus *Love & Rockets* © J.Hernandez & Fantagraphics; Seite 67*l* Breccia aus *Mort Cinder* © Glénat; Seite 67*o* Hugo Pratt aus *Ernie Pike* © Glénat;

Bart Sears, The Violator © Image Comics 1998; Seite 68*l* David Chelsea, aus *Perspective for Comic Book Artists* © David Chelsea; Seite 68*r* © Brad Brooks; Seite 69*u* Paul Gillon, aus *Jérémie* © Vailliant; Seite 69*o* © Brad Brooks; Seite 70*l* © Brad Brooks; Seite 70*r* Winsor McCay, aus *Little Nemo in Slumberland* © Winsor McCay; Seite 71*o* aus *Chomage* © Humanoides Associes; Seite 71*u* Walt Kelly, aus *Pogo* © Walt Kelly; Seite 72 Ty Templeton, aus *Little Known Facts About the World of Cartooning* © 1994; Seite 73 © David Low; Seite 74*l* Tim Pilcher © 2000; Seite 74*r* Gary Leach, *Sketches* aus *Warrior* © 1984; Seite 75 Simon Gane, Sap 2 © 1997; Seite 76/77*u* © Tim Pilcher; Seite 77*o* Rick Pincherra, Crust, Top Shelf Comics © 1997; Seites 78/79 Tim Pilcher, The Buccaneer Trading Co. © 1998; Seite 81 © Tim Pilcher; Seite 82/83 © Brad Brooks; Seite 87/90/91 © Brad Brooks; Seite 92 Moebius, aus *La Deviation* © Jean Giraud; Seite 93 Drew Friedman © Drew Friedman; Seite 95*u* Charles Burns, aus *Black Hole* © Charles Burns; Seite 95*o* © Mort Gerberg; Seite 96*l* © Graham Rawles; Seite 95*r* © Carl Flint; Seite 97*l* Paul Johnson Rites of Alchemy © 1996; Seite 97*m* Paul Johnson & Tim Pilcher, Tim True Stories © 1994; Seite 97*u* Paul Johnson, Rites of Alchemy © 1996; Seite 99 Marvelman/Miracleman Alan Moore/Garry Leach © 1982; Seite 100*ol* Goran Sudozuka, Outlaw Nation 1 © 2000; Seite 100*u* Moebius, The Airtight Garage © 1995; Seite 100*m* Dieter/Plessix, Neekibo © Ed. Delcourt; Seite 100*r* Berni Wrightson, Plop © 1973 D.C. Comics; Seite 101*o* Daniel Torres © 1995; Seite 101*um* © Ana Miralles; Seite 101*ur* Brad Brooks & Tim Pilcher, Weird Things © Brooks & Pilcher; Seite 103 Michel Plessix, Julian Boisvert © Delcourt 1985; Seite 105*o* Joost Swarte © 1987; Seite 105*u* Lorenzo Mattotti, Fires © 1985; Seite 106 Derib, aus *l'Aventure d'une BD* © Editions du Lombard; Seite 107*o* Jonathan Edwards, aus *Aunt Connie & the Plague of Beards* © Jonathan Edwards & Les Cartoonistes Dangereux; Seite 107*u* Ayroles, Maiorana & Leprovost, Garulfo © Ed. Delcourt; Seite 109*o* Charles Adlard, aus *White Death* © Les Cartoonistes Dangereux; Seite 109*ul* © Brad! Brooks; Seite 109*m* Rian Hughes, aus *Dare* © Fleetway Publications; Seite 109 Dave McKean, Cages © Dave McKean; Seite 100 © Matt Petch; Seite 111 © Rian Hughes; Seite 121*o* Scott McCloud, aus *The New Aventures of Abraham Lincoln* © Scott McCloud; Seite 121*u* Brad Brooks © New Wine Conferences; Seite 126/128*l* Slim/DC Comics, Plop © 1973; Seite 177 Walt Kelly, aus *Pogo* © 1974; Seite 128*r* Tim Pilcher © 2000; Seite 129*ol* Charles Addams © 1954; Seite 129*ul* Dan Piraro © 1998; Seite 129*m* Ronald Searle © 1946; Seite 129*u* Posy Simmonds © 1986; Seite 130*l* David Low, Prince Phillip; Seite 131*o* Steve Bell, Thatcher's Departure © 1989; Seite 131*ul* Robert Stewart, Sheriffs © 1949; Seite 131*ur* Pat Oliphant © 1997 Universal Trees Syndicate; Seite 132 Tim Pilcher © 1998; Seite 133*o* Ed Hillyer © 1999; Seite 133*m* Lewis Trondheim/Editions du Seuil © 1995; Seite 133*u* Frank Cho/Creators Syndicate, Liberty Meadows © 1998; Seite 134 Steve Bell, Bell's Eye © 1997; Seite 135*o* Pat Oliphant, Oliphant's Anthem © 1989; Seite 135*m* Signe Wilkison © 1988; Seite 135*u* Pat Oliphant, Nine lives and counting © 1993; Seite 136 Rian Hughes © 1999; Seite 137 Head & Shoulders © 2000; Seite 138*u* © Tim Pilcher 2000; Seite 138*o* Philip Ridley © 1989 & Chris Riddell © 1995, Dakota of the White Flats; Seite 139*o* Jonathan London & Frank Remkiewicz, Let's Go, Froggy © 1994; Seite 139*u* Nick Sharratt, There's a Pharaoh in our Bath! © 1995; Seite 140 Tim Pilcher © 2000; Seite 141*o* © Martin Chatterton; Seite 141*u* David Lyttleton, Business © 2000; Seite 142*l* Preston Blair © 1994; Seite 142*r* Batman DC Comics © 1998; Seite 143*o* DC Comics, Harley © 1999; Seite 143*u* © Preston Blair; Seite 144 Sony © 2000; Seite 145*o* © Greg Carter 2000; Seite 145*ul* Eidos/ Core Design, Pictures of Lara Croft © 1999; Seite 145*ur* © Konami; Seite 149*l* Jonathan Edwards, Aunt Connie and the Plague of Beards © Jonathan Edwards & Les Cartoonistes Dangereux; Seite 149*r* © Brad Brooks; Seite 150/151*o* Scott McCloud, I Can't Stop Thinking; Seite 151*u* images by Rian Hughes.

Von allen anderen Fotografien und Illustrationen liegt das Copyright bei Quarto Publishing.

Quarto möchte außerdem Ilya, Jake, Woodrow Phoenix und Zeel at Detonator seinen Dank aussprechen, dass sie uns erlaubt haben, sie bei der Arbeit zu fotografieren.

Danksagung des Autors

Tim Pilcher bedankt sich herzlich bei folgenden Personen: Adele, Megan und Oscar Tyger-Bud sowie meinen Eltern. Vielen Dank für eure Liebe, Geduld und Unterstützung. Wir haben es schließlich gemeinsam geschafft! In ewiger Liebe, TP.

Brad! Brooks möchte folgenden Personen danken:
Mama & Papa, die meine Begeisterung für Cartoons geteilt und gefördert haben; Paul Gravett, Dylan Horrocks und Gene Kannenberg, die wahren Helden der Form; und ganz besonders Elizabeth, meiner wunderbaren Frau, ohne die ich nichts wäre und die ich mehr als alles andere auf dieser Welt liebe.

Steve Edgell widmet dieses Buch James Gilray, dem besten Cartoonisten aller Zeiten.